바랄 수 없는 날의 믿음

바랄 수 없는 날의 믿음

지은이 김남준
초판 발행 2014. 6. 16
4쇄 발행 2022. 12. 6

등록번호 제 3-203호
등록된 곳 서울특별시 용산구 서빙고로 65길 38
발행처 사단법인 두란노서원
영업부 2078-3352   FAX 080-749-3705
출판부 2078-3331

책 값은 뒤표지에 있습니다.
ISBN 978-89-531-2056-3 03230

독자의 의견을 기다립니다.
tpress@duranno.com   http://www.duranno.com

두란노서원은 바울 사도가 3차 전도 여행 때 에베소에서 성령 받은 제자들을 따로 세워 하나님의 말씀으로 양육하던 장소입니다. 사도행전 19장 8-20절의 정신에 따라 첫째 목회자를 돕는 사역과 평신도를 훈련시키는 사역, 둘째 세계선교(TIM)와 문서선교(단행본·잡지) 사역, 셋째 예수문화 및 경배와 찬양 사역, 그리고 가정·상담 사역 등을 감당하고 있습니다. 1980년 12월 22일에 창립된 두란노서원은 주님 오실 때까지 이 사역들을 계속할 것입니다.

바랄 수 없는 날의

No Shining Stars, Without Dark Sky

믿음

김남준

두란노

밤하늘이 없으면 빛나는 별도 없습니다

절망을 경험해 본 사람만이 믿음의 가치를 압니다. 칠흑같이 어두운 밤, 별빛 하나 보이지 않는 하늘 아래 풍랑 이는 바다에서 비바람을 만나 본 뱃사람들만이 항구의 포근함을 아는 것처럼 말입니다.

성경은 '믿음의 본질이 무엇인가?'라는 질문에 답하지 않습니다. 믿음의 본질에 대한 형이상학적이고 심리학적인 설명을 하는 대신, 성경은 믿음의 기능에 대해 풍부하게 설명합니다. '믿음의 장'으로 불리는 히브리서 11장이 우리에게 제시하는 바도 바로 그것입니다. 히브리서 11장을 읽으면서 우리가 감동을 받는 것도, 또한 그들처럼 믿음으로 살고자 결단하는 것도, 모두 우리 삶에서 역사하는 믿음의 기능에 대한 설명이 그 안에 담겨 있기 때문입니다.

인간은 불완전한 세상에 태어나서 끊임없이 새로운 삶의 사태를 만나며 자기의 인생을 살아갑니다. 그리고 그 과정에서 원하든 원치 않든 필연적으로 그 상황에 영향을 받거니와, 자신 역시 다른 사람들에게 크고 작은 영향을 끼칩니다. 더군다나 우리가 직면하는 다양한 삶의 사태들은 그 원인과 목적을 분명하게 설명할 수 있을 때보다 그렇지 못할 때가 더 많습니다. 그래서 어떤 때는 회의하고 방황하기도 합니다.

그러나 그런 때에도 우리는 우리의 인생을 살아가지 않을 수 없습니다. 이것이 바로 믿음이 필요한 이유입니다.

하나님의 마음에 합했던 성경의 인물들은 한결같이 믿음의 사람들이었습니다. 그러나 그들이 언제나 평탄한 길을 걸었던 것은 아닙니다. 그들에게도 모든 소망이 끊어진 것 같고, 마음에 사형 선고가 내려진 것 같은 때가 있었습니다. 그러나 바로 그러한 때에 그들의 믿음은 어두운 밤하늘의 별처럼 빛났습니다. 바랄 수 없는 중에도 믿음을 가지고 살았기 때문입니다. 별처럼 빛나는 믿음을 가진 이들에게 어두운 인생의 밤은 오히려 그 믿음을 보여 줄 수 있는 기회가 됩니다.

이 책에 담긴 말씀은 이미 설교로써 그리고 글로써, 인생의 벼랑 끝에 선 많은 이들에게 믿음의 날개를 달아 주었던 내용입니다. 물론 그것은 저자의 글재주가 아니라 성경의 해석과 함께하시는 성령의 은혜였습니다. 이 책 위에 성령의 은혜가 변함없이 함께하기를 기도합니다. 그래서 이 작은 책이 어두운 인생의 밤, 막다른 길목에서 홀로 흐느끼는 이들에게 한줄기 소망의 빛이 되기를 간절히 바랍니다.

2014년 6월
그리스도의 노예 **김남준**

Contents

2

외로움

홀로 있는 자를
찾으시는 하나님

3 두려움
인생의 두려운
밤을 지날 때

영적 침체

별빛도 사라진
영혼의 밤바다에서

5 순종과 회복
눈부신 새 아침은
어떻게 열리는가?

믿음으로 사는 것이 낯선 그대에게

신뢰하던 사람에게 실망할 때가 있습니다. '어떻게 그럴 수 있지? 이 사람이 정말 내가 알던 그 사람이 맞나?' 그러나 그것이 인간입니다. 우리 자신을 포함하여 인간은 누구나 신뢰할 수 없는 존재입니다. 오직 하나님이 붙들고 계실 때만 믿음의 사람이지, 하나님이 손을 거두시면 한낱 죄인에 불과합니다.

믿음의 조상으로 불리는 아브라함 역시 다르지 않았습니다. 하나님께서 그를 선택하시고, 인도하시고, 끝까지 포기하지 않으셨기에 오늘날 모든 그리스도인이 사랑하고 존경하는 믿음의 아버지 아브라함이 있는 것이지, 하나님의 신실한 붙드심을 빼고 보면 그도 겁 많고, 의심 많고, 얕은 꾀나 쓰려 하는 우리와 별반 다르지 않은 사람입니다.

"너희 조상의 하나님 여호와 곧 아브라함의 하나님, 이삭의 하나님, 야곱의 하나님께서 나를 너희에게 보내셨다 하라 이는 나의 영원한 이름이요 대대로 기억할 나의 칭호니라"(출 3:15).

'인간은 대체 왜 이렇게 비루하고 졸렬한 것일까?', '나란 존재는 어쩌자고 이렇게 너절하고 후졌을까?', '사람은 겨우 이것밖에 안 되는 존재인가?' 하는 생각을 해 본 적이 있습니까? 그러한 고민의 끝에서 우리가 만나게 되는 진실은 오직 하나님만이 끝까지 믿을 수 있는 존재요, 영원히 사라지지 않을 가치라는 것입니다.

그래서 인간의 모든 행복은 하나님을 아는 데 있습니다. 어쩌면 인간은 하나님을 알아 가기 위해 태어난 존재인지도 모릅니다. 인간의 모든 고통은 하나님이 누구신지 모르는 무지로 말미암고, 인간의 가장 고상한 즐거움은 하나님이 누구신지 깨달아 가는 데서 비롯됩니다. 따라서 우리의 가장 큰 의무는 하나님을 만나고, 그분이 어떤 분인지 알아 가는 것입니다.

그러면 대체 어떻게 해야 하나님을 만날 수 있을까요? 하나님은 물리적 실체가 있는 분이 아니시기에, 우리가 익히 알고 있는 만남의 양상대로 눈으로 보거나 손으로 느끼면서 만날 수는 없습니다. 그러나 하나님이 우리의 눈으로 볼 수 없는 분이라는 사실은 하나님의 약점이 아닙니다. 그것은 그 자체로 하나님의 속성입니다. 성경은 하나님에 대해 이렇게 말합니다.

> "영원하신 왕 곧 썩지 아니하고 보이지 아니하고 홀로 하나이신 하나님"(딤전 1:17).

> "어떤 사람도 보지 못하였고 또 볼 수 없는 이"(딤전 6:16).

그리고 하나님의 보이지 않는 속성에 대해서도 말합니다.

> "우리가 주목하는 것은 보이는 것이 아니요 보이지 않는 것이니 보이는 것은 잠깐이요 보이지 않는 것은 영원함이라"(고후 4:18).

> "창세로부터 그의 보이지 아니하는 것들 곧 그의 영원하신 능력과 신성이 그가 만드신 만물에 분명히 보여 알려졌나니 그러므로 그들이 핑계하지 못할지니라"(롬 1:20).

우리가 아무리 수준 높은 신학 지식을 가졌다고 할지라도, 아무리 견고한 믿음을 가졌다고 할지라도, 아무리 성경을 해박하게 이해하고 있다고 할지라도, 그 모든 지식의 목적은 하나입니다. 바로 하나님을 알아 가고, 그것을 바탕으로 하나님을 향하여 살아가는 것입니다.

성경에는 수많은 사람이 등장하는데, 그들 모두가 이제는 죽은 사람들입니다. 그러나 성경이 들려주는 그들의 이야기는 죽은 자들의 이야기가 아니라 살아 계신 하나님이 일하신 이야기입니다. 즉 우리의 신학은 죽은 자들을 위한 신학이 아니라 살아 있는 사람이 그리스도를 통해 성령 안에서 하나님을 향하여 살게 하기 위한 지식입니다.

그러므로 우리는 이 관점에서 성경의 가장 첫 책, 창세기가 전하는 아브라함의 기사를 보아야 합니다. 언뜻 보면 아브라함이 주인공인 이야기 같지만, 조금만 자세히 들여다보면, 진짜 주인공은 아브라함이 아니라 아브라함의 하나님임을 알 수 있습니다. 아브라함의 일대기 전체가 보여 주는 것은 아브라함이 누구인가가 아니라 하나님이 어떤 분이신가 하는 것이기 때문입니다.

아주 어린 시절, 두어 번 새벽기도에 나간 적이 있습니다. 정확히 몇 살 때였는지, 어떻게 그곳까지 가게 되었는지는 자세히 기억나지 않지만, 그때 보았던 광경만큼은 반백년의 세월이 흐른 지금까지도 생생하게 기억합니다. 춥고 캄캄한 겨울 새벽이었는데, 제법 많은 사람이 기도하기 위해 교회로 모였습니다. 얼마나 걸었는지 교회당 문을 열고 들어오는 사람마다 손이며 볼이 빨갛게 얼어 있었습니다. 그러나 교회당 안으로 들어설 때의 표정은 누구나 환하게 빛나고 있었습니다. 얼마나 종종걸음으로 바삐 왔는지, 들어서자마자 하얀 입김을 자욱하게 쏟아 냈는데, 그 하얀 김이 사라지고 나면 반겨 주는 이 없는 조용한 예배당이건만 사랑하는 이의 엄청난 환대를 받은 것 마냥 벅찬 눈빛으로 서둘러 자리를 찾아 앉았습니다. 저는 어린 마음에도 이렇게 추운 새벽 먼 길을 걸어 교회당에 모이는 사람들이 신기했고, 그런 그들의 열심을 보며 하나님의 존재에 대해 진지하게 생각하게 되었습니다.

오늘날 우리는 하나님에 대해 지식적으로는 그 어느 시대보다 해박하지만, 하나님께 안기는 기쁨이 무엇인지 경험하며 사는 사람들은 오히려 드물어진 시대를 살고 있습니다.

당신의 신앙 여정은 어떻습니까? 신앙 지식의 축적만 있을 뿐, 하나님의 속성과 성품을 일상의 삶 갈피갈피에서 직접 경험해 본 적이 없는 것은 아닙니까? 그래서 지식은 있으나 실천은 없고, 말은 번지르르하나 가슴은 빈곤한 신앙생활을 하고 있지는 않습니까?

어떤 이들은 '아브라함'의 이름만 듣고도, '아! 주일학교 시절부터 귀에 못이 박히도록 들은 이야기가 또 시작되는구나' 하고 생각할지도 모르겠습니다. 그러나 저는 확신합니다. 하나님이 누구신지 제대로 알 수 있는 가장 좋은 방법은 하나님께서 스스로 우리에게 자신을 계시하신 바대로, 하나님께서 어떻게 아브라함의 삶에 적극적으로 개입하고 인도하셨는지를 보는 것입니다.

아브라함의 이야기가 당신에게 하나님이 어떤 분인지, 살아 계신 하나님께서 지금 당신을 향해 무슨 말씀을 하고 계신지 깨닫게 할 것입니다.

이 사실을 믿으며 4,000여 년 전의 이야기, 그러나 아직도 끝나지 않은 우리를 향한 하나님의 위대한 작정과 계획의 대서사시를 지금부터 시작하겠습니다.

약속의 땅에도
궁핍은 오는가?

아브라함에게 가나안은 가고 싶어서 간 곳이 아니었습니다.
하나님께서 약속을 주시며 가라고 명하셨기에, 순종하는 마음으로,
믿음으로 들어간 땅이었습니다.
그러나 그 땅에서 그가 만난 것은 냉대와 기근과 절망이었습니다.

우리도 신앙의 여정 가운데, 고난의 길을 통과할 때가 있습니다.
하나님의 뜻을 좇아 살아가고 있음에도 불구하고, 모진 시련과 풍파를 만나기도 합니다.
그러나 애매히 받는 고난은 사실 그리 많지 않습니다.
환경적인 어려움을 통해 우리는 우리의 영적 상태를 객관적으로 확인하고,
올곧게 신앙을 지키며 살아가는 것이 무엇인지 새롭게 깨닫곤 합니다.

그래서 그리스도인에게는 궁핍은 궁핍대로, 번영은 번영대로 모두 감사의 제목이 됩니다.
궁핍할 때는 궁핍하기에 더욱 하나님을 앙망하고,
번영할 때는 번영하기에 더욱 간절히 하나님을 붙드는 것이 그리스도인의 믿음입니다.

이야기의 배경은
이러하였으니

이 세계와 이 세계 속에서 하나님이 선택하신 하나님 백성의 기원을 밝히고 있는 창세기는 크게 세 부분으로 나눌 수 있습니다. 첫째로 인류의 시조 아담의 이야기, 둘째로 홍수 심판 후 새 시대의 시조가 된 노아의 이야기, 셋째로 하나님이 선택하신 백성의 시조 아브라함의 이야기입니다. 그런데 사실 창세기의 대부분은 세 번째 주인공 아브라함과 그의 후손들에 관한 기록이 차지하고 있습니다. 그러므로 하나님의 위대한 창조 드라마에서 가장 비중 있는 주인공은 아브라함입니다.

본문 말씀은 그가 기근을 피해 애굽으로 내려갔을 때의 일을 담고 있습니다. 그러나 이 문제를 살펴보기에 앞서 우리는 그가 왜 정든 고향을 떠나 가나안까지 왔는가 하는 문제부터 살펴보지 않으면 안 됩니다.

아브라함의 경건은 현실에 깊이 뿌리박은 것이었습니다. 다시 말해서 하나님을 믿는 종교생활과 이 세상에서 살아가는 현실 생활이 서로 괴리되는 이중적인 삶이 아니라 하나님을 알고 믿고 사랑한 것만큼 이 땅에서 믿음의 사람답게 살아가는 삶이었습니다. 그러나 아브라함이 처음부터 그러한 탁월한 믿음을 가졌던 것은 아닙니다. 그의 고향이자 친척들과 아버지의 집이 있는 갈대아 우르를 떠나기 전까지, 그는 그저 이방신들을 섬기던 어느 집안에서 태어난 한 사람에 불과했습니다.

무엇 때문에 하나님께서 많은 사람 가운데 그를 택하여, 이스라엘 백성의 실질적인 시조가 되는 놀라운 축복을 주셨는지 우리는 알 수 없습니다. 다만 아브라함의 어떤 의로운 공로 때문이 아니라 하나님의 전적인 은혜와 주권으로 믿음의 조상이 되었다는 사실만을 분명하게 알 뿐입니다.

그런데 이 일은 사실 아브람의 아버지 데라의 시대부터 준비되고 있었습니다. 무슨 까닭이었는지는 알 수 없지만 데라는 아들 아브람과 며느리 사래와 일찍 세상을 떠난 또 다른 아들 하란이 남긴 손자 롯을 데리고 정든 고향 갈대아 우르를 떠나 가나안으로 가고자 했습니다. 그러나 데라는 가나안에 들어가지 못하고 하란에 정착합니다. 이후 205세의 나이로 죽을 때까지 데라는 하란에 거류합니다.

자세한 내막은 알 수 없지만, 하란에서 가나안으로 가라는 하나님의 명령은 아브람에게 임했습니다. 아마도 아브람은 하란에서 깊은 고민에 빠졌을 것입니다. 아버지가 가고자 했던 가나안으로 계속 가야 하는지, 아니면 아버지와 함께 하란에 머물러 살아야 하는지, 그것도 아니면 친척들이 있는 갈대아 우르로 돌아가야 하는지….

그런데 그때 하나님께서 아브람에게 나타나셨습니다. 그리고 "너는 너의 고향과 친척과 아버지의 집을 떠나 내가 네게 보여 줄 땅으로 가라 내가 너로 큰 민족을 이루고 네게 복을 주어 네 이름을 창대하게 하리니 너는 복이 될지라"(창 12:1-2)고 약속의 말씀을 주셨습니다. 이것은 아브람에게 커다란 격려와 신앙의 동기가 되었을 것입니다. 그래서 아브람은 하나님의 말씀을 따라 가나안으로 갔고, 롯도 그와 동행했습니다.

오늘날과 같은 상황에서는 거주지를 옮기는 것이 그리 큰 문제가 아닙니다. 이사는 번거로운 일이지 결코 위험한 일이 아닙니다. 그러나 아브람의 시대에는 그렇지 않았습니다. 당시 사회는 지연과 혈연으로 단단히 묶여 있었습니다. 그러므로 친척들이 살고 있는 고향을 떠나 타관의 낯선 사람들 속으로 들어간다는 것은 커다란 상실이자 위험천만한 모험이었습니다. 그러나 아브람은 75세의 나이에 그런 모든 위험을 무릅쓰고 떠나기로 결정합니다. 하나님께로부터 받은 감동과 신앙의 확신을 힘입어, 아버지가 가려고 했던 가나안 땅으로 들어갔던 것입니다.

그런데 아브람은 그저 하나님의 명령을 따르기만 했던 것이 아닙니다. 성경은 그가 가나안 땅에 들어가서 한 일을 다음과 같이 보도합니다.

> "아브람이 그 땅을 지나 세겜 땅 모레 상수리나무에 이르니 그때에 가나안 사람이 그 땅에 거주하였더라 여호와께서 아브람에게 나타나 이르시되 내가 이 땅을 네 자손에게 주리라 하신지라 자기에게 나타나신 여호와께 그가 그곳에서 제단을 쌓고"(창 12:6-7).

아브람은 가나안에 들어가서 하나님을 만나고 제단을 쌓았습니다. 구약의 주석가들은 이것이 족장시대 예배생활의 시작이었다고 설명합니다. 아브람은 가나안에 들어가자마자 제단을 쌓았고, 거기서 옮겨 벧엘과 아이 사이에 장막을 친 후에도 제단을 쌓고 하나님의 이름을 불렀습니다. 가나안에서 아브람은 삶의 이유와 목적을 하나님께 고정하고, 하나님을 경배하고 그분을 즐거워하며 살아가기로 결단한 것입니다.

"그 땅에 기근이 들었으므로 아브람이 애굽에 거류
하려고 그리로 내려갔으니 이는 그 땅에 기근이 심하
였음이라 그가 애굽에 가까이 이르렀을 때에 그의 아
내 사래에게 말하되 내가 알기에 그대는 아리따운 여
인이라 애굽 사람이 그대를 볼 때에 이르기를 이는
그의 아내라 하여 나는 죽이고 그대는 살리리니 원하
건대 그대는 나의 누이라 하라 그러면 내가 그대로
말미암아 안전하고 내 목숨이 그대로 말미암아 보존
되리라 하니라"

창 12:10-13

약속의 땅을
덮친 기근

아브람은 믿음으로 하나님께 순종함으로써 어려운 결단을 내렸습니다. 그리고 약속의 땅 가나안으로 갔습니다.

그런데 성경 본문은 뒤이어 전혀 의외의 사건을 보도하고 있습니다. 하나님께서 가라고 명하셨기에 간 약속의 땅에도 기근이 찾아왔다는 것입니다.

"그 땅에 기근이 들었으므로 아브람이 애굽에 거류하려고 그리로 내려갔으니 이는 그 땅에 기근이 심하였음이라"(창 12:10).

아브람이 하나님을 찾은 것이 아니라, 하나님이 아브람을 찾아오셔서 복을 주겠다 약속하며 보내신 땅이었습니다. 복을 달라고 아브람이 부탁한 것도 아닙니다. 아브람에게 큰 민족을 이루고 싶은 야망이 있었던 것도 아닙니다. 하나님이 먼저 오셔서, 아브람에게 말씀하셨습니다.

> "내가 너로 큰 민족을 이루고 네게 복을 주어 네 이름을 창대하게 하리니 너는 복이 될지라 너를 축복하는 자에게는 내가 복을 내리고 너를 저주하는 자에게는 내가 저주하리니 땅의 모든 족속이 너로 말미암아 복을 얻을 것이라 하신지라"(창 12:2-3).

아브람은 그저 그 약속을 굳게 믿고 하나님께 순종했을 뿐입니다. 그런데 그랬으면 가나안 땅에서 놀라운 축복이 아브람에게 부어져야 하지 않습니까? 하지만 뜻밖에도 기근이 닥쳐왔습니다. 그것도 목숨을 위협할 정도로 심한 기근이었습니다.

여기서 이런 의문이 생깁니다. '약속의 땅에도 궁핍이 오는가?' 하는 것입니다. 이 의문을 좀 더 쉽게 풀면 다음과 같습니다.

'하나님께 순종하는 사람에게도 역경이 오는가? 만약 그렇다면 우리가 하나님께 순종하여 얻는 유익은 무엇인가?'

그 땅에서 만난 하나님

이 문제에 답하기 위해서 우리는 먼저 기근이 들었다는 그 땅에 대해 생각해 볼 필요가 있습니다. 여기서 '그 땅'이란 아브람이 하란을 떠나 가나안으로 들어와 거주하던 땅을 가리킵니다. 즉 그 땅은 하나님의 말씀을 따라 찾아온 땅이며 동시에 하나님을 다시 만난 땅입니다.

아브람은 하란에서 받은 약속의 말씀을 따라 믿음으로 가나안에 들어왔습니다. 그런데 막상 와서 보니 가나안에는 이미 가나안 사람들이 거주하고 있었습니다. 이때 하나님께서 아브람에게 다시 나타나 말씀하셨습니다.

"내가 이 땅을 네 자손에게 주리라"(창 12:7).

이때 아브람은 커다란 감화를 받았음에 틀림없습니다. 아브람에게 있어서 이것은 신앙의 큰 부흥이었고, 하나님께 삶의 이유와 목적을 집중하는 계기가 되었습니다. 그래서 그는 그 자리에 제단을 쌓았습니다. 그리고 비록 지금은 가나안 사람들이 주인처럼 살고 있지만 그것과 상관없이 하나님은 그 땅을 자신의 자손들에게 주실 것이며, 자신의 자손들을 번성하게 하실 것을 믿었습니다.

그런데 그런 놀라운 신앙의 감격을 선사했던 그 땅에 기근이 들었습니다. 신앙이 어린 사람들은 이러한 하나님의 경륜을 이해하지 못합니다. 하나님께 온전히 순종해서 가게 된 약속의 땅에도 기근이 올 수 있다는 사실을 납득하기 어려워합니다. 그러나 하나님이 우리에게 주시는 시련과 재앙과 고난을 모두 설명할 수는 없습니다. 우리의 지혜로는 납득하기 어려운 재앙도 세상에는 많이 일어납니다. 사람들은 과학을 통해 그러한 재앙의 발생 원인을 찾지만, 그 일이 인간 사회에 대하여 갖는 도덕적 의미는 기술과 과학을 통해 파악되지 않습니다.

하나님의 자녀들의 삶에 일어나는 크고 작은 일들은 모두 의미를 가지고 있습니다. 하나님과의 관계에서 비롯되는 종교적 의미는 항상 도덕적 의미를 포함합니다. 그래서 신자들은 국가적인 재난과 시련 앞에서 하나님과의 관계를 돌아보아야 합니다. 왜냐하면 인간에게 우연히 일어난 것처럼 보이는 많은 일이 하나님의 계획 속에서 일어나는 일이기 때문입니다.

아브람이 거주하던 가나안 땅에 기근이 닥친 일 역시 우리의 지혜로는 이해할 수 없는 하나님의 큰 계획 속에서 일어난 일입니다. 그 경륜을 완전히 이해할 수는 없으나, 그것이 하나님의 능력이 모자라서 일어난 일이 아니라는 사실만큼은 분명합니다.

그 땅을 떠나 남방으로

그런데 창세기 12장 9절은 의미심장한 진술을 하고 있습니다.

"점점 남방으로 옮겨 갔더라."

아브람이 가나안 땅에 들어와 하나님을 만나고 감격적인 신앙의 부흥을 경험한 때로부터 얼마의 시간이 흘렀는지는 알 수 없습니다. 세월이 얼마나 흘렀는지, 무슨 이유였는지 알 수 없지만, 아브람은 점점 남방으로 옮겨 갔습니다. 약속의 땅 가나안에서 남방으로 내려가면 블레셋 땅이 나오고 그 블레셋 땅을 지나면 애굽이 나옵니다.

왜 아브람이 약속의 땅 가나안에서 점점 멀어져 남방으로 내려갔는지, 우리는 알 수 없습니다. 또한 남방으로 내려간 것이 하나님을 대적하는 불신앙 때문이었다고 결론 내릴 만한 명확한 근거도 없습니다. 그러나 11절에서 13절로 이어지는 성경 구절, 어떻게든 목숨이라도 부지해 보고자 애굽 사람들에게 아내를 누이라고 속이려 하는 아브람의 진술로 미루어 보건대, 당시 아브람의 신앙 상태는 하나님으로부터 현저하게 멀어져 있었던 것으로 보입니다. 하란을 떠나 가나안에 들어갈 때 보여 준 하나님을 향한 전적인 의존과 믿음이 사라진 것입니다. 쉽게 말해 그는 하나님을 깊이 만나고 은혜를 누리던 신앙의 감격에서 멀어져 있었고, 확고하던 신앙은 매우 약화되어 있었습니다.

그러므로 우리는 10-13절의 말씀을 토대로, 아브람이 점점 남방으로 내려간 것은 생명과 재산을 보호하고 육신적인 생활 문제를 해결하는 데 유리했기 때문일 것이라는 결론을 내리게 됩니다. 아브람은 자신의 육신적 필요를 좇아, 약속의 땅 가나안에서 점점

이탈하여 남쪽으로 내려갔던 것입니다.

약속의 땅에 기근이 올 때

사실 한 번 하나님을 만나고 은혜를 받는 것은 쉬운 일입니다. 그 받은 바 은혜를 끝까지 간직하면서 미끄러지지 않고 사는 것에 비하면 말입니다.

어쩌면 약속의 땅에 기근이 찾아온 것은 약속의 땅에서 아브람이 약속을 저버린 삶을 살았기 때문일 수도 있습니다. 아브람이 점점 남방으로 옮겨 간 것은 양식을 구하고 가축을 기르기에 조금이라도 더 유리한 곳으로 조금씩 이동해 갔기 때문일 것입니다. 가나안에 기근이 들자 하나님의 약속과는 상관없이 조금이라도 더 양식이 풍족한 블레셋으로 내려갔고, 그곳에서 역시 양식을 구하기 힘들게 되자 그나마 상황이 좀 더 나은 애굽으로 들어갔던 것입니다. 즉 하나님이 주신 약속의 땅을 유업으로 삼고 미래에 하나님이 주실 그 축복을 바라보며 하나님을 섬기면서 살아야 했던 아브람이 그러한 삶을 택하는 대신 육신의 유익을 위해 약속의 땅에서 점점 멀어져 가자 하나님이 그가 머무는 땅에 기근을 내리셨다고도 볼 수 있습니다.

하나님의 약속을 따라 들어간 땅에 살고 있던 아브람이 기근을 만난 것을 두고 이 일이 과연 정당한 것이냐고 물을 수도 있을 것입니다. 그러나 성경을 가만히 읽어 보면, 기근보다 아브람이 점점 남방으로 옮겨 가는 일이 먼저 일어났음을 볼 수 있습니다. 아브람이 처음에는 하나님이 그에게 주신 명령에 순종했으나, 시간이 지나면서 조금씩 그 순종으로부터 이탈되었던 것입니다.

물론 고난은 하나님께 전적으로 순종하는 사람들에게도 올 수 있습니다. 정말 순전하게 하나님만 바라보며 사는 사람에게도 시련이 올 수 있고, 약속의 땅에서 약속을 붙들고 올곧게 살아가는 사람도 기근과 궁핍을 만날 수 있습니다. 그러나 우리가 살펴보고 있는 창세기 12장의 아브람은 신앙을 가진 지 얼마 되지 않은 미성숙한 성도였습니다. 즉 그때까지만 해도 아브람은 하나님의 오묘하고도 심오한 섭리를 이해할 만한 신앙의 인물이 아니었습니다. 그러므로 아브람이 만난 이 기근은 하나님의 이해할 수 없는 섭리 속에서 만난 고난이 아니라 명백하게 아브람의 불순종에 대한 징계로 찾아온 고난이었다고 말할 수 있습니다.

"그 땅에 기근이 들었으므로 아브람이 애굽에 거류하려고 그리로 내려갔으니 이는 그 땅에 기근이 심하였음이라 **그가 애굽에 가까이 이르렀을 때에 그의 아내 사래에게 말하되 내가 알기에 그대는 아리따운 여인이라 애굽 사람이 그대를 볼 때에 이르기를 이는 그의 아내라 하여 나는 죽이고 그대는 살리리니 원하건대 그대는 나의 누이라 하라 그러면 내가 그대로 말미암아 안전하고 내 목숨이 그대로 말미암아 보존되리라 하니라**"

창 12:10-13

궁핍한 날에
드러난 신앙

●

성경의 기록을 통해서 보건대, 기근을 피해 애굽으로 내려가기 전까지 아브람은 대체로 궁핍을 모르고 살았던 듯합니다. 아브람의 아버지 데라가 갈대아 우르를 떠나 하란에 이르렀을 때 어느 정도의 재산을 소유하고 있었는지는 정확하게 알 수 없습니다. 그러나 아브람이 하란을 떠날 때 제법 많은 재산을 가지고 여러 사람들과 함께 가나안으로 들어왔음이 분명합니다(창 12:5절 참조). 그러므로 가나안에서도 한동안 아브람은 큰 결핍을 느끼지 못하고 지냈을 것입니다.

그러나 하나님이 보내셔서 가나안 땅에 갔지만, 가나안 땅이 두 팔 벌려 환영하며 그를 기다리고 있었던 것은 아닙니다. 사도

행전은 아브라함이 가나안에 들어갔을 때의 정황을 이렇게 기록합니다.

"그러나 여기서 발 붙일 만한 땅도 유업으로 주지 아니하시고"(행 7:5).

이런 상황에서 아브람에게 궁핍이 찾아오는 것은 당연한 귀결이었을 것입니다. 물과 풀이 부족해 가축들이 죽어 갔고, 양식이 부족해 종들이 죽어 갔습니다. 그리고 이러한 궁핍 속에서 아브람은 약속의 땅을 떠나 점점 남방으로 옮겨 갔습니다.

환경적인 어려움에서 드러난 아브람의 불신앙

우리의 신앙은 환경을 통해서 드러납니다. 그래서 하나님은 종종 우리의 환경을 우리의 믿음을 가늠하는 시금석으로 사용하기도 하십니다. 물론 신앙이 성숙하고 깊어지면 환경에 매이지 않는 신앙을 갖게 될 것입니다. 그러나 그런 사람들은 정말 소수입니다. 커다란 재앙을 만나고 심지어 자신의 몸에 커다란 질병을 만나고도 오히려 하나님을 찬송할 만한 믿음을 가진 사람들은 그리 많지 않습니다. 그래서 환경은 대부분의 사람들에게 그들의 신앙을 여실하게 드러내는 시금석이 됩니다.

당신은 어떻습니까? 평안할 때는 특별한 갈등 없이 교회에 출석하고, 헌금하고, 교회에서 주어진 의무들을 감당하며, 좋은 믿음을 가진 것처럼 살아갑니다. 그러나 이제껏 경험해 본 적 없는 커다란 시련을 만날지라도 더욱 순전하게 하나님만을 바라볼 자신이 있습니까? 의지할 만한 것을 찾아 손을 내저어도 지푸라기 하나 붙잡을 수 없는 그때에도 하나님을 원망하지 않을 자신이 있습니까?

언제나 우리는 자기 자신 편입니다. 아무리 공평하려고 해도, 남에게는 박하고 자신에게는 관대한 것이 인간의 본성입니다. 그래서 때로는 하나님의 공정한 판단보다 더 후하게 자신을 평가하기도 합니다. 그래서 하나님은 우리의 믿음이 어디까지 와 있는지 스스로 객관적으로 확인하게 하기 위해 시련과 환난을 보내기도 하십니다. 이는 우리의 정직한 상태를 보여 주심으로써, 우리가 하나님 앞에 교만을 깨뜨리고 하나님을 더 의지하게 하려 하심입니다. 우리는 우리에게 닥친 환경적인 어려움을 통해 비로소 우리의 믿음이 우리가 생각한 것처럼 진실하고 깊지 않음을 깨닫게 됩니다.

아브람에게도 환경적인 어려움은 자신의 영적 상태를 드러내는 시금석이었습니다. 기근을 만나자 아브람은 하나님의 약속을 더 이상 신뢰하지 않고 애굽으로 이주했습니다. 그리고 하나님을 믿는 대신 사람을 두려워하며 인간의 꾀로 살 길을 도모했습니다.

아브람의 불신앙은 다음의 두 가지 행동을 통해 구체적으로 드러났는데, 바로 약속의 땅을 떠난 것과 인간의 꾀를 좇아 사래를 누이로 소개한 것이었습니다.

약속의 땅을 떠남

아브람이 약속의 땅을 버리고 갈대아 우르나 하란으로 되돌아간 것은 아니었습니다. 그는 그저 서서히 남방으로 내려갔을 뿐입니다. 그러나 이것은 육신의 안목을 따라 가는 불신앙이었습니다. 아브람은 가나안으로 가라 하시고 그 땅을 기업으로 주신 하나님의 큰 명령을 자신이 먹고사는 문제보다 하찮게 여기고 있었습니다. 쉽게 말해 먹고사는 일에 눈이 멀어 하나님의 약속을 헌신짝처럼 내팽개쳐 버린 것입니다.

세월이 아무리 흘러도 변하지 않는 신앙의 원칙이 있습니다. 그것은 바로 하나님은 결코 하나님을 사랑하는 사람들을 버리시지 않는다는 것입니다. 그래서 인격적으로 하나님을 신뢰하고, 경건한 삶 속에서 하나님의 불붙는 사랑을 경험하며, 날마다 하나님을 향한 사랑을 검증하며 살아가는 사람들은 커다란 재앙이 찾아와도 오히려 그것 때문에 하나님의 품으로 더 깊이 파고듭니다. 그래서 환난이 하나님을 찾는 기회가 되고, 커다란 시련이 하나님의 사랑을 더 많이 깨닫는 계기가 됩니다.

그러나 마음에서 하나님을 향한 인격적인 사랑이 사라지고 기도와 말씀 속에서 하나님과 마주하며 은혜를 받는 영적 생활이 사라진 사람에게 시련은 껍질만 남아 있던 신앙을 송두리째 무너뜨리는 강력한 영향력을 발휘합니다. 믿음의 눈이 감겼기에 보이는 육신의 두 눈으로만 모든 것을 판단하고, 그 결과 하나님을 오히려 불신하게 되는 것입니다. 그러므로 우리 신앙의 두께는 궁핍한 날이 이르면 드러나게 됩니다. 작은 시련에도 부서지는 얄팍한 믿음인지, 폭풍우 같은 환난이 닥쳐도 끄떡없는 견고한 믿음인지 말입니다.

오늘날에도 많은 사람이 남방으로 내려간 아브람과 같은 선택을 하며 살아갑니다. 사실 한편으로는 아브람의 선택이 이해가 됩니다. 좀 더 좋은 목초지, 혹은 쉽게 물건을 거래할 수 있는 번영한 도시, 아니면 더 편안하게 살 수 있는 곳을 찾아가는 것은 당연한 선택입니다. 더욱이 하나님은 가나안 땅을 아브람에게 주겠다고 약속하신 것이 아니라 그의 자손에게 주겠다고 약속하셨습니다. 어디를 가도 좋은 땅에는 가나안 사람이 이미 터를 잡고 살고 있었습니다. 아브람이 장막을 칠 수 있는 곳은 황폐해서 그들이 차지하지 않은 땅뿐이었습니다. 따라서 살아가기에 좀 더 좋은 조건을 찾아 남방으로 내려간 것은 인간적으로는 이해가 됩니다.

그러나 아브람은 하나님의 사람이었습니다. 하나님의 사람은 그렇게 살아서는 안 됩니다. 약속의 땅을 떠나서 누리는 번영은 약속의 땅에서 받는 고난보다 못합니다. 왜냐하면 약속의 땅을 떠나서 누리는 부요함은 하나님 없는 부요함이지만, 약속의 땅에서 받는 시련은 하나님이 함께하시는 시련이기 때문입니다. 그래서 어느 작가는 이렇게 말했습니다.

"천국과 지옥이 따로 있는 것이 아니라 천국도 하나님이 안 계시면 지옥이고 지옥도 하나님이 함께 계시면 천국이다. 그리스도인은 하나님 없이 비단길을 걷기보다는 하나님과 함께 가시밭길을 걷는 것을 더 기뻐하는 사람들이다."

그렇습니다. 이것이 하나님의 약속을 유업으로 받은 언약의 백성들이 살아가는 모습입니다. 세속적인 신자들은 하나님 때문에 행복해지고 싶어 하지만 진실한 신자들은 하나님과 함께 거룩해지고 싶어 합니다. 세속적인 신자들은 하나님 때문에 이 땅에서 번영하고 싶어 하지만 진실한 신자들은 하나님을 보여 주는 삶을 살고 싶어 합니다.

더구나 아브람에게 약속의 말씀을 주신 하나님은 전능하신 하나님입니다. 하나님에게 아브람이 가나안 땅에서 형통하게 살아갈 수 있게 하실 만한 능력이 없습니까? 그렇지 않습니다. 그러므로 아브람은 자신의 판단보다는 하나님의 약속을 더욱 믿었어야 했습니다. 설령 궁핍을 당한다 할지라도, 하나님께서 자신에게 주신 위대한 약속의 성취를 위해 감당해야 하는 시련이라 생각하고 하나님이 가라 명하신 땅 가나안을 지키는 것이 마땅했습니다. 그러나 아브람은 그렇게 하지 못했습니다. 그의 마음이 하나님을 만난 그 감격과 사랑으로부터 멀어졌기 때문입니다.

사람의 꾀를 따름

아브람이 보여 준 불신앙은 여기에 그치지 않습니다. 그는 사람의 꾀를 따라 아내 사래를 누이라고 애굽 사람들에게 거짓말했습니다. 이 장면을 볼 때마다 우리 믿음의 조상이 어떻게 이런 지경으로까지 전락할 수 있는지 의아합니다. 그 아내가 누구입니까? 하나님께서 너를 통해 큰 민족을 이루겠다는 약속을 주실 때 함께하던 아내입니다. 하나님의 말씀을 따라 하란을 떠나 가나안으로 들어올 때 동행한 아내입니다. 가나안 땅을 물려받을 자손을 함께 낳아 기를 소중한 아내입니다. 그런데 그런 아내에게 "원하건대 그대는 나의 누이라 하라 그러면 내가 그대로 말미암아 안전하고 내 목숨이 그대로 말미암아 보존되리라"(창 12:13)고 말합니다.

아내가 다른 남자의 첩으로 들어가는 것을 보느니 차라리 죽는 것이 낫다고 생각하는 것이 일반적인 남자들의 생각입니다. 아마 가나안에 사는 원주민들도 자기 아내를 빼앗기느니 차라리 목숨을 버리겠다는 정도의 자존심은 가지고 있었을 것입니다.

여기서 우리는 정말 중요한 교훈을 발견하게 됩니다. 하나님의 사람은 하나님의 손에 붙들려 있을 때만 하나님의 사람다운 것이지, 하나님의 은혜가 그의 안에서 사라지고 하나님이 그 손을 놓으시면 그는 악하고 불결한 죄인일 뿐이라는 사실입니다.

오늘날 그리스도인임에도 불구하고 끔찍한 추문과 부도덕한 소문들의 주인공인 사람들이 있습니다. 그들 가운데는 처음부터 하나님을 만나지 못한 이름뿐인 그리스도인도 있지만, 한때는 하나님을 열렬하게 사랑했던 사람도 있습니다. 사실 그리스도인들이 죄를 짓기 시작하면 세상 사람들보다 훨씬 담대하고 열렬하게 죄를 짓습니다. 늦게 배운 도둑질이 날 새는 줄 모른다고, 그리스도인들이 불순종하기 시작하면 더욱 무섭게 악을 행하는 것입니다.

그런데 하나님을 만나고 은혜를 누리던 사람이 왜 그렇게 되는 것일까요? 날마다 깨뜨려지며 살지 못했기 때문입니다. 한번 은혜를 받았다고 영원히 유지되는 것은 아닙니다. 순간순간 정욕이 솟고 죄악된 본성이 꿈틀거리는 것이 우리의 본모습입니다. 즉 날마다 그러한 자신의 본성을 직시하며 하나님 은혜의 손길 속으로 더 깊이 파고들어야 합니다. 그래야 그리스도인이라는 이름이 부끄럽지 않은 삶을 살아갈 수 있습니다.

저는 교회를 개척하고 20여 년 목회해 오면서 별별 사람들을 다 만났습니다. 그중에는 가슴 아픈 말로 저를 슬프게 한 사람도 있고, 어리석은 잘못으로 교회에 손해를 끼친 사람도 있습니다. 그런데 참 이상한 것이, 그러한 사람들을 향해 원망의 마음이 생겼다가도, 그 사람이 예배를 드리며 한없이 눈물을 쏟는 모습을 보면 원망하는 마음이 저절로 다 녹아내리게 됩니다. '아, 그 사람은 이름도 떠올리기 싫다'고 생각하다가도, 그 사람이 캄캄한 본당 한구석에서 간절하게 기도하는 모습을 보면 '저렇게 하나님 앞에서 잘 살고 싶어 하는데, 저렇게 하나님 앞에서 새롭게 되고 싶어 하는데…' 하는 마음이 들면서 모든 것이 용서되었습니다. 그저 한 교회를 담임하는 목회자일 뿐인 제 마음이 이러한데, 우리 하나님의 마음이야 어떻겠습니까? 그러므로 비록 일은 잘하지만 깨뜨려지는 일이 없는 사람보다 좀 부족하지만 깨뜨려질 줄 아는 사람이 훨씬 더 희망 있는 인생입니다. 그렇게 깨어지는 과정에서 그는 하나님을 더 많이 알아 가고 더 순전한 존재로 자라 갈 것이기 때문입니다.

신앙생활이란, 하나님의 오래 참으심 속에서 끊임없이 깨어지며 조금씩 그분 곁으로 나아가는 것입니다. 물론 어떤 사람은 하나님이 기다려 주셔도 아무 진보 없이 제자리걸음만 하기도 합니다. 그러나 깨어짐이 있는 사람은 지금 아무리 한심해 보일지라도 하나님의 사랑 속에서 조금씩 변화되어 갑니다.

그런데 안타깝게도 창세기 12장의 아브람에게는 그런 깨어짐이 없었습니다. 깨어짐이 없는 사람이 큰 시련을 만나면 쉽게 세속주의로 돌아갑니다.

아브람 역시 그랬습니다. 그래서 하나님을 의지하는 대신 사람의 꾀를 좇아 위기를 모면해 보려 했습니다. 아마도 아브람은 자기가 먼저 약속의 땅으로부터 멀어졌기 때문에 큰 기근이 임하게 되었음을 몰랐을 것입니다. 그러나 아브람이 신앙에서 물러난 것이 그 땅에 기근이 몰려온 원인이었습니다. 아브람으로 인해 그 땅의 다른 사람들까지 재앙을 당하였으니, 이것은 "너는 복이 될지라"는 하나님의 축복이 정반대로 실현된 셈입니다.

역사를 주관하는 이가 하나님이시기에, 하나님의 백성인 그리스도인들이 역사의 실질적인 주인공입니다. 그리스도인이 어떻게 살아가느냐에 따라 그 시대가 복을 받기도 하고 화를 당하기도 하는 것입니다. 그러면 우리가 어떻게 살아야 복의 근원이 될 수 있습니까?

첫째로, 하나님 앞에서 올바르게 살아야 합니다. 이것은 하나님을 간절히 의지하고 순종하며 살아가는 것으로, 우리 인생에서 이것보다 중요한 일은 없습니다.

둘째로, 그리스도인의 거룩한 자존심을 가지고 살아야 합니다. 즉 다른 사람들에게 빌붙어서 그들 덕에 유익을 얻으려는 대신 나로 인해 다른 사람이 잘되도록 돕는 사람이 되어야 합니다. 하나님의 복은 이런 태도로 살아가는 사람들 위에 머물며, 일반 은총 차원에서도 이런 태도로 살아가는 사람들이 좋은 평판을 얻습니다. 사람을 어떤 이익을 얻기 위한 수단으로 이용하는 것은 그리스도인다운 삶의 태도가 아닙니다. 오히려 그리스도인은 다른 사람을 위해 자신을 아낌없이 내어 줄 수 있어야 합니다. 이것은 물질에 국한된 이야기가 아닙니다. 물질을 베푸는 일보다 더 중요한 일이 바로 용서와 같은 정신적인 자선입니다. 사람은 물질만으로 살아가는 존재가 아닙니다.

저는 개인적으로 상처받았다는 말을 싫어합니다. 그 말 자체를 나쁘다고 생각하는 것이 아니라 그런 말이 나오게 된 사고와 가치체계가 자기중심적이기 때문입니다. 자신의 이익과 자신의 감정을 중심으로 판단하면, 상처받았다는 말이 나오게 됩니다. 그러나 용납하기 힘든 상황이 생겨도, '저 사람이 오죽하면 그랬을까?' 하며 감싸 안을 수 있어야 합니다. 이 세상에는 이해되지 않는 일도 많고 이해되지 않는 사람도 많습니다. 그러므로 항상 마음속에 '그럴 수도 있지'라는 생각을 품고 사는 것이 우리가 마음의 번민을 줄이는 지혜입니다. '어떻게 그럴 수 있지?' 하고 생각하면 단칼에 목을 베고 싶은 복수심이 발동하지만, '연약한 인간이니 그럴 수도 있지'라고 생각하면 완전한 존재이신 하나님을 더욱 의지하게 됩니다.

그리스도인은 흘려보내는 삶을 살아가라고 부르신 사람들입니다. 그러므로 물질이든 마음이든 흐르는 강물처럼 흘려보내며 살아야 합니다. 사람들이 나와의 관계를 통해서 유익을 얻도록 해야 하는 것입니다.

우리 시대는 이기심으로 얼룩진 시대이기에 이러한 요청이 더더욱 절실합니다. 어린 아이들이 폭력과 따돌림에 시달리다 자살하는 사회, 약하면 짓밟히고 착하면 착취당하는 사회, 불의가 자연스럽고 정의가 어색한 사회, 우리는 이런 세상을 살고 있습니다. 그러므로 우리는 더욱 이 아픈 세상을 하나님의 사랑으로 끌어안아야 합니다. 하나님께서 우리에게 주신 선하고 아름다운 것들을 누리는 종착역이 우리가 되게 하지 말고, 그것이 우리를 적시고 세상 속으로 흘러나가게 해야 합니다. 이것이 바로 하나님의 자녀들이 이 세상을 살아가는 삶의 방식입니다.

하나님의 은혜로부터 멀어진 사람은 자기에게 집중하지만, 하나님의 은혜를 받은 사람은 다른 사람에게 집중합니다. 하나님의 큰 사랑을 나와 관련된 다른 사람들도 누릴 수 있도록 하나님이 내게 주신 많은 것들을 흘려보내는 것, 그리고 그렇게 흘려보내면 하나님이 더 많이 채워 주실 줄로 믿는 것, 이것이 바로 기독교 신앙입니다.

하나님께서 아브람에게 기대하신 삶도 그런 삶이었습니다. 그러나 아브람은 애굽으로 도망쳤고, 제 한 몸 살겠다고 아내까지 팔 마음을 먹었습니다. 하나님을 만났고 하나님으로부터 놀라운 축복과 약속을 받은 아브람이, 하나님을 모르는 사람도 하지 않았을 일을 했습니다. 이것은 그리스도인이라 할지라도 하나님을 의지하는 신앙을 버리고 나면, 쓰레기만도 못한 인간으로 전락할 수 있다는 사실을 가르쳐 줍니다.

아브람이 하란에서 하나님을 만나고 그 말씀에 온전히 순종한 일, 가나안에 와서 하나님의 두 번째 약속을 받고 제단을 쌓은 일 등을 살펴보면서 그가 얼마나 대단해 보였습니까? 그의 신앙이 얼마나 아름다웠습니까? 그때는 그 누구도 얼마 후 그가 이렇게 비루한 인생을 살게 될 것이라고는 상상도 하지 못했습니다.

결국 우리가 간직해야 할 교훈은 이것입니다. 우리가 하나님 앞에서 아무리 훌륭한 신앙의 삶을 산다 해도, 그 훌륭한 신앙의 삶은 우리의 공로로 인한 것이 아닙니다. 그것은 오로지 우리가 하나님의 은혜에 붙잡혀 있기 때문에 가능한 것입니다. 따라서 하나님이 우리를 놓으시면, 우리는 한순간에 뒷골목에 굴러다니는 쓰레기만도 못한 존재로 전락하고 맙니다. 그러므로 우리는 "나의 나 된 것은 모두 하나님의 은혜입니다"라고 고백하며, 하나님이 축복하시면 축복하시기에 하나님을 더욱 굳게 붙들고, 고난을 주시면 고난을 주시기에 하나님을 더욱 굳게 붙드는 사람이 되어야 합니다.

궁핍 속에서 불신앙을 경계하자

궁핍은 불신앙이 자라기 좋은 환경입니다. 그래서 하나님은 궁핍 속에서 불신앙을 경계하라고 가르쳐 주십니다.

당신은 궁핍을 경험해 본 적이 있습니까? 궁핍은 우리에게 커다란 고통을 가져다줍니다. 인간의 기본적인 자존심을 박탈해 버리고, 절망과 참담함을 맛보게 합니다. 그러므로 궁핍 속에서 올곧게 신앙을 지키며 살아가는 것은 말처럼 쉬운 일이 아닙니다. 궁핍의 때에는 시험에 들기 쉽고, 시험에 들면 악에 빠지기 쉽기 때문입니다.

궁핍이 찾아올 때 또는 오래도록 궁핍의 문제가 해결되지 않을 때, 우리는 먼저 정직하게 자기 자신을 돌아보아야 합니다. 물론 궁핍을 겪는다고 해서 모두 아브람처럼 하나님을 멀리 떠난 대가로 채찍을 맞는다고 생각할 필요는 없습니다. 하나님의 섭리는 우리가 알 수 없을 정도로 심오해서 어떤 사람들은 바르게 살아가는데도 하나님의 특별한 계획 속에서 궁핍을 통한 연단을 받기 때문입니다. 그러므로 궁핍의 때에는 궁핍 자체보다는 우리 영혼의 상태에 마음을 기울이며, 오히려 하나님께 더욱 시선을 고정해야 합니다. 그래야 하나님께서 일깨워 주고자 하시는 것을 깨달을 뿐 아니라 궁핍을 만나 우리 자아가 하나님 은혜의 손길을 뿌리치고 불신앙으로 나아가려는 것을 경계할 수 있습니다.

하나님은 우리가 가장 관심 있어 하는 물질로 우리를 치셔서 우리의 신앙이 어느 지점에 와 있는지 일깨워 주기도 하십니다. 우리가 도무지 하나님께 돌아오지 않을 때, 하나님은 아브람이 사는 땅에 기근을 보내신 것처럼 우리를 궁핍하게도 하십니다. 그렇게 궁핍이 찾아올 때, 우리 역시 어떻게든 그 궁핍을 모면해 보고자 약속의 땅을 떠나는 선택을 할 수 있습니다. 그리스도인으로서 마지막 자존심까지 상실하고 세상 사람들에게조차 부끄러운 선택을 할 수도 있습니다. 우리도 신앙에서 미끄러진 아브람처럼 될 수 있습니다.

그러므로 지금 만약 당신이 궁핍 속에 있다면 그 궁핍 속에서 하나님을 더욱 앙망하는 사람이 되십시오. 궁핍하기에 하나님을 더욱 의지하고, 사람의 방법이 아니라 하나님의 지혜를 구하는 사람이 되십시오. 혹시 하나님 없이 번영해 보려는 불신앙 때문에 그 궁핍이 찾아온 것이라면, 어디에서 미끄러졌는지를 기억하고 회개하며 하나님께 나아가십시오.

부요한 사람에게도, 궁핍한 사람에게도 재물은 우리의 마음 둘 곳이 아닙니다. 오직 하나님만이 우리의 마음을 드리기에 합당한 대상입니다.

"정함이 없는 재물에 소망을 두지 말고 오직 우리에게 모든 것을 후히 주사 누리게 하시는 하나님께 두며"(딤전 6:17).

하나님은 우리에게 복을 주실 때 먼저 우리가 그 복을 담아 둘 만한 그릇인지 달아 보십니다. 그래서 물질에 집착하고 하나님을 떠나서라도 궁핍을 모면해 보려고 할 때는 더 가난하게 하시고, 궁핍 속에서 깨뜨려져 하나님을 원망하는 대신 전심으로 사랑할 때는 그 신앙이 부끄럽지 않도록 궁핍에서 건져 주십니다. 그러므로 궁핍이 찾아왔을 때, 궁핍을 주셨기에 오히려 더욱 간절히 하나님께 매달리는 사람이 참으로 지혜로운 사람입니다.

되새기기

신앙은 우리가 할 수 있는 일을 하나님께 미루기 위해 있는 것이 아닙니다. 오히려 신앙은 우리의 힘으로는 도저히 할 수 없는 일을 하나님을 의지하여 하라고 주신 선물입니다. 그래서 죄를 지었을 때 오히려 더 신앙이 필요합니다. 부요할 때보다 궁핍할 때 더 믿음이 요구됩니다.

당신은 혹시 "약속의 땅에 어떻게 궁핍이 올 수 있습니까?" 하고 하나님께 따지듯 대든 적은 없습니까? "제가 대체 무엇을 그리 잘못했기에 이렇게 곤궁하게 하십니까?" 하고 반항하지는 않았습니까? 그렇다면 가만히 스스로를 돌아보십시오. 몸만 교회에 있을 뿐, 마음은 남방으로 내려가고 있지는 않은지요? 여러분의 방법으로 궁핍을 모면해 보려는 시도를 포기하고, 하나님이 복 주실 만한 사람이 되도록 애쓰십시오. 우리 인생의 계획은 당신이 아니라 하나님 손 안에 있습니다.

하나님은 모든 것을 풍족히 주시는 분입니다. 우리가 회개하고 하나님께 돌아오기만 하면, 하나님은 당신의 고난과 궁핍을 해결하고 복이 넘치는 사람이 되게 하실 것입니다. 왜냐하면 우리는 처음부터 하나님의 은혜와 복을 이웃들에게 흘려보내며 살아가기 위해 부름 받은 존재이기 때문입니다.

홀로 있는 자를
찾으시는 하나님

외로움이란 의존할 수 있는 모든 것에서 떨어진 채,
자신이 홀로 존재하고 있음을 느끼는 정서입니다.
그러나 이 외로움이 어디서 기인했고,
그것을 통해 마음의 성향이 어디로 향하는가에 따라서 이 외로움은 둘로 나뉩니다.
바로 본성적인 외로움과 신령한 외로움입니다.
본성적인 외로움이 물리적인 환경이나 자기 자신을 들여다보다가
깊은 고립감 속에 갇혀 버리는 것이라면,
신령한 외로움은 하나님의 영광을 묵상하면서 생겨나는 외로움입니다.
하나님 앞에서 인간이 갖는 허무의 감정은 거룩한 빛의 조명이 없이는
느낄 수 없는 감정입니다. 그러나 자신이 아무것도 아니라는 사실을 깨닫는 데서
끝난다면 그것은 신령한 외로움이 아닙니다.
신령한 외로움은 우리로 하여금 하나님을 의지하고 그분께 다가가게 합니다.

이야기의 배경은
이러하였으니

　아브라함이 아브람이던 시절, 그에게 특별한 점이 있었다면 하나님을 전심으로 믿는 신앙이었습니다. 그에게는 하나님을 향한 전적인 의존의 마음이 있었습니다. 하나님을 전적으로 신뢰하며, 어린아이같이 하나님을 의지하는 이런 마음이야말로 하나님께서 가장 좋아하시는 마음의 상태입니다. 이런 마음을 가진 사람이었기에, 아브람은 하나님의 말씀에 순종하여 정든 땅의 편안한 삶을 포기하고 약속의 땅으로 떠날 수 있었습니다.

　아무튼 아브람은 하나님의 특별한 소명을 받고 하란을 떠나 하나님이 약속하신 땅으로 갑니다. 하나님의 원대한 계획을 아직 다 알지는 못했지만 말입니다.

"여호와께서 아브람에게 이르시되 너는 너의 고향과 친척과 아버지의 집을 떠나 내가 네게 보여 줄 땅으로 가라 내가 너로 큰 민족을 이루고 네게 복을 주어 네 이름을 창대하게 하리니 너는 복이 될지라 너를 축복하는 자에게는 내가 복을 내리고 너를 저주하는 자에게는 내가 저주하리니 땅의 모든 족속이 너로 말미암아 복을 얻을 것이라 하신지라 이에 아브람이 여호와의 말씀을 따라갔고 롯도 그와 함께 갔으며 아브람이 하란을 떠날 때에 칠십오 세였더라"(창 12:1-4).

그러나 하나님의 말씀을 따라 떠난 길이었지만 아브람은 축복 대신 갖은 고초와 실패를 경험합니다. 기근을 피해 애굽으로 내려갔다가 아내를 누이로 소개하는 수치를 당하고, 바로 왕에게 아내를 빼앗길 뻔한 위기에 직면하기도 했습니다. 그러나 결국 하나님의 은혜로 그 위기를 넘기고 오히려 부자가 되어 다시 가나안으로 돌아옵니다.

그런데 막상 가나안 땅으로 돌아와 생활하다 보니, 생각지도 못한 문제에 봉착하게 됩니다. 하나님의 은총으로 점점 더 많아진 재물과 늘어난 가축 탓에 아브람의 목자들과 롯의 목자들 사이에 충돌이 일어나기 시작한 것입니다.

"아브람의 일행 롯도 양과 소와 장막이 있으므로 그 땅이 그들이 동거하기에 넉넉하지 못하였으니 이는 그들의 소유가 많아서 동거할 수 없었음이니라 그러므로 아브람의 가축의 목자와 롯의 가축의 목자가 서로 다투고 또 가나안 사람과 브리스 사람도 그 땅에 거주하였는지라 **아브람이 롯에게 이르되 우리는 한 친족이라 나나 너나 내 목자나 네 목자나 서로 다투게 하지 말자 네 앞에 온 땅이 있지 아니하냐 나를 떠나가라 네가 좌하면 나는 우하고 네가 우하면 나는 좌하리라 이에 롯이 눈을 들어 요단 지역을 바라본즉 소알까지 온 땅에 물이 넉넉하니 여호와께서 소돔과 고모라를 멸하시기 전이었으므로 여호와의 동산 같고 애굽 땅과 같았더라 그러므로 롯이 요단 온 지역을 택하고 동으로 옮기니** 그들이 서로 떠난지라 아브람은 가나안 땅에 거주하였고 롯은 그 지역의 도시들에 머무르며 그 장막을 옮겨 소돔까지 이르렀더라 소돔 사람은 여호와 앞에 악하며 큰 죄인이었더라 롯이 아브람을 떠난 후에 여호와께서 아브람에게 이르시되 너는 눈을 들어 너 있는 곳에서 북쪽과 남쪽 그리고 동쪽과 서쪽을 바라보라 보이는 땅을 내가 너와 네 자손에게 주리니 영원히 이르리라 내가 네 자손이 땅의 티끌 같게 하리니 사람이 땅의 티끌을 능히 셀 수 있을진대 네 자손도 세리라 너는 일어나 그 땅을 종과 횡으로 두루 다녀 보라 내가 그것을 네게 주리라 이에 아브람이 장막을 옮겨 헤브론에 있는 마므레 상수리 수풀에 이르러 거주하며 거기서 여호와를 위하여 제단을 쌓았더라"

창 13:5-18

떠나는 조카,

●

롯

성경 본문은 아브람이 하나님의 인도를 받아 고향을 떠난 후에 일어난 한 사건에 대한 진술입니다. 우리는 본문을 통해 아브람과 그의 조카 롯 사이에 모종의 갈등이 생겼고, 이에 롯이 아브람을 떠나게 되었음을 알 수 있습니다.

아브람에게 롯은 누구인가?

이 사건의 의미를 보다 정확하게 파악하기 위해서 우리는 먼저 롯과 아브람의 관계를 이해해야 합니다. 롯의 출생에 대해 성경은 상세한 기록을 남기지 않고 않습니다. 그저 그가 아브람의 조카였고, 하란을 떠나 가나안에 들어갈 때부터 함께한 사람이었다는 정도만 밝힐 뿐입니다. 아브람이 가나안에서 큰 흉년을 만나 애굽으로 내려갈 때도, 애굽에서 아내를 빼앗길 위험에 직면했을 때도, 애굽에서 상당한 부를 축척하고 다시 가나안으로 돌아올 때도 롯이 동행했습니다. 당시의 관습에 비추어 보건대, 고아인 조카 롯이 자식이 없는 아브람과 동행한 정황은 롯이 아브람에게 입양되었을 것이라는 추측을 가능하게 합니다. 그것이 사실이라면 자식이 없는 아브람에게 롯은 단순한 조카가 아니라 아들과 같은 존재였을 것이 분명합니다. 어쩌면 마음속으로 자신의 유업을 상속할 유일한 상속자라고 생각했을지도 모릅니다.

사실 아브람에게는 가나안도 애굽도 모두 타지였습니다. 타향살이의 외로움은 가까이 있는 가족이나 동지와 더 끈끈하게 유대하게 만듭니다. 그런 점에서 아브람이 롯을 향해 가졌던 신뢰와 사랑은 우리가 추측하는 것보다 훨씬 컸을 것입니다.

낯선 땅에서 살아가는 아브람에게 롯은 마음의 든든한 의지이자 그 무엇을 주어도 아까울 것이 없는 사랑의 대상이었습니다. 그런데 긴 세월을 그렇게 서로 의지하며 가족처럼 살아온 아브람과 롯은 가나안으로 돌아와 벧엘과 아이 사이에 진을 치고 거하면서 갈등하게 됩니다. 아브람과 롯이 각자 많은 양과 소를 거느리므로 함께 거하기엔 그 땅이 너무 좁았던 것이 발단이었습니다.

롯의 배신과 결별

아브람 소유의 가축의 목자와 롯 소유의 가축의 목자들이 서로 다투는 일이 일어나자, 아브람은 롯에게 제안합니다.

> "아브람이 롯에게 이르되 우리는 한 친족이라 나나 너나 내 목자나 네 목자나 서로 다투게 하지 말자 네 앞에 온 땅이 있지 아니하냐 나를 떠나가라 네가 좌하면 나는 우하고 네가 우하면 나는 좌하리라"(창 13:8-9).

가축을 돌보는 목자들이 다투는 이유는 뻔합니다. 보다 좋은 목초지나 보다 풍족한 물이 있는 곳을 서로 차지하고자 하는 다툼입니다. 아마 이런 갈등이 한 번이 아니라 여러 번 계속되었을 것입니다. 더구나 그 땅에는 아브람 일가뿐 아니라 이방인 가나안 사람과 브리스 사람도 함께 있었습니다.

> "그러므로 아브람의 가축의 목자와 롯의 가축의 목자가 서로 다투고 또 가나안 사람과 브리스 사람도 그 땅에 거주하였는지라"(창 13:7).

이방 사람들 앞에서 하나님이 택하신 사람들끼리, 그것도 집안 싸움이 벌어졌으니 아브람의 마음은 한없이 창피하고 괴로웠을 것입니다. 오죽하면 아브람같이 온유한 성격의 사람이 자식처럼 믿고 의지하던 롯에게 "우리 이만 헤어지자"고 제안했겠습니까?

이 제안을 하는 아브람의 심정은 후에 이스마엘을 집에서 내쫓을 때, 또한 이삭을 데리고 모리아 산으로 떠날 때의 마음과 비교될 만큼 슬펐을 것입니다.

아브람으로 하여금 '도저히 더 이상은 롯과 화합하여 함께 살 수 없겠구나' 하는 생각을 갖게 만들었다는 것만으로도 우리는 롯이 하나님의 공평과 정의에 어울리는 행동을 하지 않았다는 판단을 내릴 수 있습니다.

롯에게 아브람이 어떤 존재입니까? 일찍 아버지를 여의고 부모의 돌봄을 받지 못하던 자신을 거두어 준 사람입니다. 처음부터 롯에게 얼마의 재산이 있었는지는 알 수 없으나, 그의 재산 가운데 상당 부분이 아브람과 함께하며 불린 것이었습니다. 아브람은 물욕이 없는 사람이었습니다. 후사가 없는 그가 타지를 떠도는 동안 자식처럼 동행해 준 고마운 롯에게 무엇을 아까워했겠습니까?

그러므로 가축 수가 늘어나면서 롯의 목자와 아브람의 목자들이 다투게 되었다면, 롯은 당연히 자신의 목자들을 꾸짖고 아브람의 목자들을 잘 타일렀어야 합니다. 재산상으로는 손해를 볼지라도, 아브람과의 관계에는 금이 가지 않게 처신했어야 합니다. 그러나 롯은 그렇게 하지 않았습니다. 오히려 아버지와 같은 존재인 아브람과 재산을 가지고 다투었고, 결국 아브람으로 하여금 그를 떠나보내게 만드는 상황까지 이르게 했습니다.

신앙을 차치하고 인간적으로만 생각하더라도, 아버지처럼 자신을 돌보아 준 아브람에게 자신의 이해관계를 내세우는 것은 옳지 않습니다. 아브람이 롯과 헤어져야겠다는 뼈아픈 결정을 내린 것으로 볼 때, 롯의 처신은 매우 이기적이었음에 분명합니다. 그리고 그의 그런 태도는 아브람에게는 크나큰 배신으로 느껴졌을 것입니다.

관용을 베푸는 아브람

결국 아브람은 오랜 세월 마음 깊이 의지해 오던 사랑하는 조카를 떠나보내기로 합니다. 아마도 이것은 외롭게 살아온 아브람에게 말할 수 없는 고통이었을 것입니다. 그런데 그 쓰라린 이별의 순간에도 아브람은 넓은 관용을 보여 줍니다.

"네가 좌하면 나는 우하고 네가 우하면 나는 좌하리라"(창 13:9).

아브람이 자기 이익을 위해 꼼수를 쓰려고 하면 못 쓸 것도 없었습니다. 아브람이 누구입니까? 애굽에서 아내를 누이라 속였던 인물입니다. 아브람은 자기 편리한 대로 교묘하게 상황을 몰고 갈 수도 있는 사람이었습니다. 그러나 아브람은 그런 방식으로 롯을 대하지 않았습니다. 또한 아브람은 "네 이놈! 네가 누구 덕에 이만큼 컸는데, 감히 나를 배신하고 네 잇속을 먼저 챙기느냐. 겨우 가축 몇 마리 때문에 나에게 맞서다니" 하고 꾸짖을 수도 있었습니다. 당시 아브람은 상당한 재산뿐 아니라 개인 군대까지 거느리고 있었으므로, 무력을 사용해 롯을 제압할 수도 있었습니다. 그러나 아브람은 그렇게 하는 대신 롯에게 점잖게 말했습니다.

"우리 서로 다투지 말자. 우리 눈앞에 많은 땅들이 있으니, 이제 너는 그만 나를 떠나가라."

그런데 아브람의 관용은 여기서 그치지 않습니다. 땅을 선택하는 문제에 있어서도 그는 롯에게 먼저 고르게 했습니다. 사실 롯이 경우가 바른 사람이었다면 "삼촌! 어떻게 제가 먼저 택하겠습니까? 삼촌이 가고 싶으신 곳으로 움직이면 남은 지역을 저의 땅이라고 생각하겠습니다" 했을 것입니다. 그러나 이미 롯의 마음은 아브람을 멀리 떠나 있었습니다. 그의 마음은 자신의 불어난 재산을 잘 유지하고, 그것을 더욱 늘리는 데 집중되어 있었습니다. 그래서 하나님을 향한 신앙도 버리고, 아브람에 대한 신의도 팽개친 채, 자기의 소견을 따라 가축을 기르기에 좋아 보이는 땅을 선택했습니다.

"이에 롯이 눈을 들어 요단 지역을 바라본즉 소알까지 온 땅에 물이 넉넉하니 여호와께서 소돔과 고모라를 멸하시기 전이었으므로 여호와의 동산 같고 애굽 땅과 같았더라 그러므로 롯이 요단 온 지역을 택하고 동으로 옮기니 그들이 서로 떠난지라"(창 13:10–11).

여기서 "여호와의 동산 같고 애굽 땅과 같았더라"는 말은 롯이 요단을 바라보며 흡족했기에 나온 표현입니다. 고대 히브리인들은 가장 훌륭한 것, 가장 큰 것, 가장 아름다운 것을 설명할 때, 앞에 여호와의 이름을 붙이곤 했습니다. 그래서 큰 산들을 가리켜 "여호와의 산"(시 24:3)이라 했고, 좋은 나무는 "여호와의 나무"(시 104:16)라고 했습니다.

그러나 마음을 흡족하게 했던 그곳, 안온한 삶이 보장된 듯 보였던 그곳에서 롯은 끔찍한 일을 당하게 됩니다. 전쟁에 휘말려 재산을 모두 잃고 포로로 끌려갔는가 하면, 두 천사를 지키려다 불의한 사람들에게 목숨을 잃을 뻔했습니다. 그곳이 바로 얼마 후 유황과 불을 비같이 내려 멸하실 소돔과 고모라였기 때문입니다.

"아브람의 일행 롯도 양과 소와 장막이 있으므로 그 땅이 그들이 동거하기에 넉넉하지 못하였으니 이는 그들의 소유가 많아서 동거할 수 없었음이니라 그러므로 아브람의 가축의 목자와 롯의 가축의 목자가 서로 다투고 또 가나안 사람과 브리스 사람도 그 땅에 거주하였는지라 아브람이 롯에게 이르되 우리는 한 친족이라 나나 너나 내 목자나 네 목자나 서로 다투게 하지 말자 네 앞에 온 땅이 있지 아니하냐 나를 떠나가라 네가 좌하면 나는 우하고 네가 우하면 나는 좌하리라 이에 롯이 눈을 들어 요단 지역을 바라본즉 소알까지 온 땅에 물이 넉넉하니 여호와께서 소돔과 고모라를 멸하시기 전이었으므로 여호와의 동산 같고 애굽 땅과 같았더라 그러므로 롯이 요단 온 지역을 택하고 동으로 옮기니 그들이 서로 떠난지라 아브람은 가나안 땅에 거주하였고 롯은 그 지역의 도시들에 머무르며 그 장막을 옮겨 소돔까지 이르렀더라 소돔 사람은 여호와 앞에 악하며 큰 죄인이었더라 **롯이 아브람을 떠난 후에 여호와께서 아브람에게 이르시되 너는 눈을 들어 너 있는 곳에서 북쪽과 남쪽 그리고 동쪽과 서쪽을 바라보라 보이는 땅을 내가 너와 네 자손에게 주리니 영원히 이르리라 내가 네 자손이 땅의 티끌 같게 하리니 사람이 땅의 티끌을 능히 셀 수 있을진대 네 자손도 세리라 너는 일어나 그 땅을 종과 횡으로 두루 다녀 보라 내가 그것을 네게 주리라** 이에 아브람이 장막을 옮겨 헤브론에 있는 마므레 상수리 수풀에 이르러 거주하며 거기서 여호와를 위하여 제단을 쌓았더라"

창 13:5-18

홀로 남겨진

●

아브람

롯이 떠나자 아브람은 홀로 남겨졌습니다. 아마도 그는 마음 둘 곳 없는 깊은 외로움에 잠겼을 것입니다. 자식처럼 사랑하던 롯이 아브람의 입장은 전혀 고려하지 않은 채, 비옥한 땅을 골라 뒤도 돌아보지 않고 떠났습니다. 자신이 풀도 많고 물도 풍부한 동쪽 지역을 택하면, 나이 들어 기력이 쇠한 삼촌에게 남겨질 땅은 풀도 적고 물도 귀한 척박한 서쪽 지역이 될 것임을 롯도 알았습니다. 그러나 롯은 전혀 개의치 않고 기다렸다는 듯이 동쪽을 골라 떠났습니다. 그러나 아브람에게는 이때부터 정말 놀라운 일이 시작됩니다. 배신의 상처를 입고 홀로 남겨져 있던 이때에 하나님이 나타나 말씀하시기 시작한 것입니다. 하나님은 아브람의 쓰라린 마음을 말씀으로 어루만져 주셨습니다.

> "롯이 아브람을 떠난 후에 여호와께서 아브람에게 이르시되 너는 눈을 들어 너 있는 곳에서 북쪽과 남쪽 그리고 동쪽과 서쪽을 바라보라 보이는 땅을 내가 너와 네 자손에게 주리니 영원히 이르리라 내가 네 자손이 땅의 티끌 같게 하리니 사람이 땅의 티끌을 능히 셀 수 있을진대 네 자손도 세리라 너는 일어나 그 땅을 종과 횡으로 두루 다녀 보라 내가 그것을 네게 주리라"(창 13:14-17).

홀로 있는 자의 하나님

하나님은 롯과 함께 있는 동안에는 찾아오시지 않다가, 롯을 떠나보내고 슬픔과 외로움 속에 홀로 남겨졌을 때 찾아오셨습니다. 사실 하나님이 아브람을 찾아오시는 장면은 창세기 13장뿐 아니라 다른 장에서도 여러 번 나옵니다. 15장, 17장, 22장 등 여러 번 이런 장면이 나타나는데 그 모든 순간의 공통점이 하나 있습니다. 바로 아브람의 마음이 하나님을 앙망하지 않을 수 없는 때라는 것입니다.

아브람의 인생에 닥친 커다란 위기를 하나님은 외면하지 않으셨습니다. 그러나 하나님은 롯과 아브람이 의좋게 지내고 있을 때는 나타나지 않으셨습니다. 애굽에서 돈을 많이 모을 때, 벧엘과 아이 사이에 진을 치고 흥왕할 때, 가축이 불어나고 모든 것이 형통할 때는 찾아오시지 않았습니다. 그런데 외롭게 홀로 남겨진 그날에는 찾아와 주셨습니다.

한번 아브람의 입장이 되어 생각해 보십시오. 건사해야 할 식솔도 많고, 돌봐야 할 가축도 많습니다. 그런데 정작 자신은 나이가 들어 모든 일이 힘에 부칩니다. 그렇다고 후사를 이을 아들이 있는 것도 아닙니다. 그동안은 롯이 옆에 있었기에 많은 부분에서 그를 의지하며 살아왔는데 롯마저 자신을 홀로 남겨 두고 떠났습니다. 의지할 곳을 잃어버린 아브람의 마음이 얼마나 막막했을까요?

그런데 그 막막한 순간에 하나님이 그를 홀로 내버려두지 않으셨습니다. 이러한 사실은 우리에게 큰 교훈을 줍니다. 사실 하나님은 어디에나 계신 분입니다. 그러나 하나님은 준비된 사람의 마음에만 찾아오십니다. 그리고 하나님을 만날 수 있도록 준비된 마음은 가난한 마음입니다. 그래서 우리는 이 세상에서 즐겁고 흥거울 때보다는 이 세상에서 버림받고 외로울 때 하나님을 만난 경험이 훨씬 더 많습니다.

하나님이 직접 찾아오신다

저마다 하나님을 만난 신앙의 경험이 있을 것입니다. 우리는 그런 만남을 통해 우리가 죄인임을 깨닫고, 하나님의 사랑이 얼마나 위대하고 놀라운 것인지 배웁니다. 예전에는 멀리 계신 분으로만 느껴지던 하나님을 가깝고 친밀한 존재로 인식하게 되는 것도 하나님을 만나는 신앙의 경험을 통해서입니다. 하나님을 만나는 신앙의 경험은 이처럼 성경에 기록된 추상적인 하나님의 사랑을 나를 향한 구체적인 사랑으로 적용하게 만듭니다. 따라서 이런 경험이 없다면 천지만물을 지으시고 주관하시는 하나님이 지구 한 모퉁이에서 살고 있는 티끌 같은 존재인 나를 예전부터 알고 계시고 사랑하고 계시다는 것을 완전하게 납득할 수 없습니다.

신앙은 위대하고 거룩하신 하나님을 만나고, 비참한 죄인일 뿐인 자신을 용서해 주시는 그분의 사랑을 체험함으로써 생기는 것이지, 눈에 보이는 사람들의 증거나 사람들의 논리를 근거로 형성되는 것이 아닙니다. 만약 우리의 믿음이 눈에 보이는 것 때문에 생긴 것이라면 당장은 확고해 보일지 모르나 더 분명하게 보이는 다른 것들이 제시되면 금세 허물어지고 말 것입니다. 또한 만약 우리 신앙의 근거가 단지 이성의 논리라면 그것보다 더 정교한 논리가 나타날 때 예전에 내가 알고 믿은 것은 모두 착각이었다고 생각하게 될 것입니다. 따라서 하나님은 당신을 우리에게 증거하실 때, 감각의 증거나 이성의 증거를 사용하지 않으시고 우리 마음속에 직접 도장을 찍으십니다. 이것이 바로 우리의 믿음을 위해 성령이 인을 치시는 증거입니다.

하나님이 살아 계시다는 것과 하나님이 무가치한 존재인 나를 사랑하신다는 사실을 확신합니까? 이러한 확신은 논리로써 설득되고 증거로써 설복된 믿음이 아닙니다. 초자연적으로 성령이 우리의 마음에 인쳐 주심으로 굳게 믿게 된 확신입니다.

하나님은 이러한 믿음을 기뻐하시기에, 사람의 마음에 이러한 믿음을 심어 주기 원하십니다. 그래서 크고 존귀하신 하나님께서 친히 낮고 천한 우리의 마음에 찾아오십니다.

하나님은 준비된 자에게 찾아오신다

하나님은 아무 마음에나 찾아오시는 분이 아닙니다. 죄도 준비된 마음에 찾아오고 하나님의 은혜도 준비된 마음에 찾아옵니다. 그러므로 우리는 하나님을 깊이 만났던 때의 우리의 마음과 우리를 둘러싼 상황과 그 안에서 우리를 만나 주시는 하나님의 섭리에 대해 생각해 볼 필요가 있습니다. 그러면 아주 중요한 공식 하나를 발견하게 됩니다. 바로 하나님은 하나님밖에 의지할 곳이 없는 마음에 찾아오신다는 사실입니다.

얼마 전 성도 한 분을 심방했습니다. 아내는 열심히 교회에 나오며 신실하게 신앙생활을 했지만, 자신은 인격적인 승복 없이 마지못해 교회에 다녔답니다. 그런데 직장을 잃고 가족의 생계가 막막해지는 인생의 벼랑 끝에 서게 되자, 그제야 하나님과의 관계에 대해 생각하게 되었답니다. 그것을 계기로 인격적으로 주님을 만나게 되었고, 참된 신앙 속에서 새로운 인생을 살 수 있게 되었다고 했습니다. 그런데 이 고백은 그 성도만의 고백이 아니라 우리 모두의 고백입니다. 하나님은 우리를 만나 주셔야 할 때가 되면, 우리의 환경을 움직여 우리의 마음을 가난하게 만들기도 하십니다. 물론 신앙이 성숙한 사람에게는 이렇게 하지 않으십니다. 신앙이 성숙한 사람의 마음은 환경적인 변화보다 성경을 읽으며 깨달은 말씀에 더 크게 영향을 받습니다. 그래서 하나님은 신앙이 성숙한 사람들을 다루실 때, 굳이 환경을 흔들어 놓으실 필요가 없습니다. 자녀를 교육할 때, 말로 해서 통하는 아이에게는 부모가 매를 들지 않습니다. "너는 지금 이러이러한 잘못을 하고 있는 것이다"라고 말하면, 눈물을 뚝뚝 흘리면서 "제가 잘못했습니다. 깊이 깨달았습니다. 마음 아프게 해드려 죄송합니다. 다시는 이렇게 행동하지 않겠습니다"라고 대답합니다. 그런데 그런 아이를 왜 때리겠습니까?

그러므로 가장 훌륭한 간증은 엄청난 고난과 위기를 하나님의 은혜 가운데 이겨 낸 간증이 아니라, 하나님이 우리의 환경을 흔들지 않으셨는데도 말씀 앞에 마음이 깨뜨려져서 변화된 간증입니다. 병원에서 의사에게 병세가 심각하다는 진단 결과를 듣는 것은 매우 절망적인 일이지만, 그것을 통해 치료를 위한 길을 찾게 된다면 새 삶의 희망은 남아 있습니다. 마찬가지입니다. 하나님의 말씀 앞에서 자신의 죄를 자각하고 자신이 살아온 인생 전체가 하나님의 마음에 대못을 박는 삶이었음을 깨닫는 것은 절망적인 일이지만, 그것을 계기로 하나님 앞에 새 삶을 살 수 있다면 오히려 좋은 일입니다.

저는 하나님의 말씀을 통해 자신의 죄악됨이 드러날 때, 슬픔과 후회 속에서 의식을 잃을 정도의 극심한 고통을 경험하는 사람들을 여러 번 보았습니다. 사업이 망하고, 사랑하는 사람이 죽는 것도 충격적인 일이지만, 회개는 그보다 더 큰 내적 충격이 선행되어 나타나게 됩니다. 목회를 하다 보면, 집안에 우환이 찾아오고 사업이 풍비박산 나는 환난 끝에 신앙적인 깨달음을 얻었다는 사람들을 여럿 만납니다. 그들은 모두 입을 모아 말합니다.

"비록 끔찍한 환난을 겪었지만, 그 속에서 너무나 중요한 것을 깨달았기에 저는 그 시간들이 오히려 감사합니다."

그런데 그들이 깨달았다는 그 소중한 것은 사실 그리 특별한 지혜가 아닙니다. 인생이 뿌리째 흔들리는 고난 속에서 어마어마한 과외비를 치르고 깨달은 지혜는 '하나님께 순종하며 살아야 한다', '하나님 한 분만을 사랑해야 한다'는 모든 그리스도인이 알고 있는 평범한 진리입니다. 어떤 사람은 그런 환난을 안 만나고도, 예배를 드리거나 성경을 읽으며 이런 지혜를 절절하게 깨닫습니다. 누가 더 큰 복을 받은 사람입니까?

하나님이 아브람을 찾아오셨을 때 아브람의 마음 상태를 이야기하기에 앞서, 이런 부연적인 설명을 길게 늘어놓는 것은 창세기 13장에서 아브람의 영적 상태를 이해하는 것이 중요하기 때문입니다. 여기서 아브람은 아직 성숙한 믿음을 갖기 이전의 상태입니다. 물론 그는 하나님을 믿는 확고한 신앙을 갖고 있었습니다.

그러나 그의 믿음은 어려움 앞에서 쉽게 흔들리는 것이었습니다. 12장에는 아브람이 애굽에 내려갔을 때의 일이 기록되어 있습니다. 그곳에서 그는 아내를 누이로 속여서 소개합니다. 사실대로 말하면 아리따운 사래를 탐낸 애굽 사람들이 자신을 죽이고 아내를 빼앗아 갈 것이라 생각했기 때문입니다. 아내를 다른 사람의 첩으로 팔지언정, 우선 나부터 살고 보겠다는 이런 태도는 하나님의 약속을 받은 믿음의 사람에게 어울리는 태도가 아니었습니다. 그런데 아브람은 부끄럽게도 신앙을 가진 사람답지도 못하고, 남자답지도 못한 치졸한 모습을 보여 줍니다. 초창기에는 그도 올라가다 주저앉고 다시 올라가다 주저앉는 요동치는 신앙의 사람이었던 것입니다.

롯과 결별할 때 역시 아브람은 그리 견고한 신앙의 인물이 아니었습니다. 하나님께서 아브람을 롯에게서 결별시키신 것은 아브람이 롯을 지나치게 의존했기 때문인지도 모릅니다. 하나님께서 제일 싫어하시는 것이 하나님이 아닌 것을 의지하는 것이기 때문입니다. 우상은 이방 신상에 국한된 개념이 아닙니다. 오늘날에는 변형된 형태의 우상이 우리의 믿음을 위협합니다. 우리에게 하나님보다 더 사랑하고 의지하는 것이 있다면 그것이 바로 우상입니다. 따라서 자기 자신은 물론 아내와 자식, 명예와 재산, 애착하는 물건까지 모두 우상이 될 수 있습니다.

제가 고등학생일 때 겪은 일입니다. 친구 한 명이 중·고등부

수련회에 가서 수영을 하다가 심장마비로 죽었습니다. 그는 독자였습니다. 그 친구의 아버지는 장로님이고 어머니는 권사님이었는데, 이후로 다시는 교회에 나오지 않으셨습니다. 지금도 아들을 잃은 그 장로님의 비통한 음성이 생생합니다.

"하나님이 살아 계시다면 내 아들이 그렇게 허망하게 죽도록 내버려두셨을 리 없다."

그것이 무엇이든, 하나님보다 더 사랑해서는 안 됩니다. 따라서 우리는 무엇을 사랑하려면 하나님 안에서 사랑해야 합니다. 이것이 진짜 사랑입니다. 아브람의 인생을 보고 있노라면 하나님께서 끊임없이 아브라함이 하나님보다 더 사랑하고 의지하는 것이 있는지 확인하셨다는 느낌을 받습니다. 오직 하나님의 말씀을 좇아 고향땅의 익숙하고 평안한 삶을 버리게 하셨고, 믿고 의지하던 롯과 헤어지게 하셨으며, 아들을 약속해 주시고도 오래 기다리게 하셨고, 마침내 아들을 주시고도 그 아들을 번제로 드리라고 하셨습니다. 하나님은 이처럼 우리가 하나님 한 분만을 앙망하기를 원하십니다. 믿음은 정신과 마음을 집중하여 하나님 한 분을 바라보는 것입니다. 그분께만 온 마음이 꽂혀서 다른 것은 눈에 들어오지 않는 상태, 그것이 바로 믿음입니다.

아브람 자신은 어떻게 생각했는지 모르지만, 하나님은 아브람이 롯을 의지하는 마음을 갖고 있는 것을 기뻐하지 않으셨습니다. 롯이 떠난 이후에야 아브람을 찾아오셔서 놀라운 축복의 약속을 주신 것이 그 증거입니다. 하나님은 아브람이 롯과 헤어지기 전까지 아브람에게 정말로 공개하고 싶던 축복의 약속을 유보하셨습니다. 처음 하란을 떠날 당시만 해도 하나님을 향한 절대적인 의존의 마음이 아브람의 마음속을 가득 채우고 있었습니다. 그러나 세월이 지나면서 그 마음이 변했습니다. 그러면서 자기도 모르게 하나님 대신 롯을 의지하게 되었습니다.

아브람이 홀로 남겨지는 외로움을 경험하게 된 것은, 아브람이 하나님만 바라보는 데 있어서 롯의 존재가 중대한 걸림돌이 되었기 때문입니다. 하나님은 그것을 아시고 아브람이 쓰라린 배신의 상처와 가슴 아픈 이별의 아픔을 경험하도록 허락하셨습니다. 우리는 흔히 '가슴이 에이는 듯 아프다'라는 말을 합니다. 여기서 '에다'는 '칼로 도려내듯 베다'는 의미의 동사입니다. 살을 칼로 베어 낸 다음 굵은 소금을 확 뿌리고 다시 덮어 누른다면 그 고통이 어떨까요? 홀로 남겨진 아브람의 마음이 아마 그렇게 고통스러웠을 것입니다. 그런데 롯의 배신과 결별이 가져온 그 고통 속에서 아브람은 지극히 가난한 마음이 되었습니다. 그의 심령은 하나님만을 바라보며, 하나님의 은혜로운 처분만을 기다리게 되었습니다. 그러자 하나님께서 그에게 찾아오셨습니다. 산상수훈을 시작하며 예수님은 말씀하십니다.

"심령이 가난한 자는 복이 있나니 천국이 그들의 것임이요" (마 5:3).

여기서 "심령이 가난한 자는 복이 있나니"라는 표현의 헬라어 원문은 '마까리오이 호이 프토코이'(Μακάριοι οἱ πτωχοί)로, '가난한 자'라고 번역된 '프토코이'(πτωχοί)는 '파산선고를 받은 사람'이란 뜻을 가지고 있습니다. 즉 남의 도움을 기대할 수밖에 없는 거지와 같은 비참한 상태를 의미합니다.

추운 겨울, 길거리에서 떨고 있는 거지에게 "여기서 자면 얼어 죽으니, 우리 집에 가서 몸을 좀 녹입시다"라고 말했다고 가정해 봅시다. 어떤 거지가 "독방입니까? 저는 침대 없으면 허리가 아파서 못 잡니다" 혹은 "아침 식사는 주실 겁니까? 저는 유기농 음식만 먹는데 가능합니까?"라고 되묻겠습니까? 가난한 마음이란 어떤 도움이든 기꺼이 받아들일 수밖에 없는 마음입니다.

하나님이 기뻐하시는 마음이 바로 이처럼 가난한 마음입니다. 그래서 하나님은 우리를 만나 주실 때, 인생의 위기를 보내 우리의 마음을 낮추곤 하십니다. 하나님의 말씀을 통해 우리의 모습을 보여 주시고, 우리가 스스로 마음을 낮추도록 끊임없이 기회를 주십니다. 그런데도 우리가 반응하지 않으면 하나님은 우리의 환경을 흔들어 놓아서라도 우리의 마음을 낮추십니다.

하나님이 만나 주시기 전, 아브람을 찾아왔던 상처와 외로움도 아브람의 마음을 낮추기 위해 하나님이 보내신 것이었습니다. 다행히 아브람은 그 속에서 '이 세상은 정말 허망한 것이구나. 영원한 것이 없구나. 영원히 사랑할 것 같던 조카 롯도 결국은 나를 떠나가는구나. 내가 의지하고 사모할 분은 하나님 한 분밖에 없구나' 하는 것을 깨달았습니다. 그리고 그렇게 마음이 가난해진 아브람에게 하나님께서 친히 찾아와 만나 주셨습니다. 하나님은 이처럼 가난한 마음을 외면하지 않으십니다. 그래서 하나님을 간절히 찾는 마음으로 부르짖는 한마디의 기도는 생각 없이 중얼거리는 1만 마디의 기도보다 힘이 있습니다.

심령이 가난한 자에게 복을 약속하시는 하나님

아브람의 마음이 한없이 가난해졌을 때 하나님의 음성이 들려왔습니다. 낮아진 마음으로 하나님만 간절히 바라보던 아브람은 하나님이 찾아오셨다는 사실만으로도 크게 위로받았을 것입니다. 하나님께서 '왜 너는 나 대신 롯을 의지하였느냐' 하고 책망하셨다 할지라도 아브람은 감격했을 것입니다. 그런데 하나님은 찾아와 주셨을 뿐 아니라 놀라운 축복의 약속을 주셨습니다.

하나님이 아무 책망 없이 복을 주신 이유를 저는 이렇게 생각합니다. 롯을 떠나보내고 가난해진 마음으로 오직 하나님만 의지하고 바라보던 아브람의 신앙이 하나님 보시기에 매우 아름다웠기 때문이라고. 우리는 하나님이 우리의 손이나 발로 하는 일들을 통해 기쁨을 받으신다고 생각합니다. 그러나 하나님을 정말 기쁘시게 해드리는 우리의 예물은 우리의 마음입니다. 하나님이 많은 복을 주셔도 하나님 대신 그 복을 의지하는 어리석음을 범하지 않

고, 오히려 어린 아이같이 더욱더 주님을 깊이 의지하는 마음을
하나님은 가장 기쁘게 받으십니다.

땅을 주심

하나님은 아브람에게 두 가지 복을 약속하셨습니다.

첫째로, 땅을 주겠다고 약속하셨습니다. 아브람이 롯에게 "네가
오른쪽으로 가면 내가 왼쪽으로 가고, 네가 왼쪽으로 가면 내가
오른쪽으로 가겠다"고 말하는 것을 보고, 어떤 사람들은 '사방이
다 공터구나. 그냥 가서 차지하면 자기 땅이 되나 보다'라고 생각
할지도 모릅니다. 그러나 팔레스타인에 가 보면 거저 주어도 갖지
않을 쓸모없는 땅이 많습니다. 주인 없이 버려진 땅은 바로 그런
땅입니다. 짐승을 기를 수 있는 조건을 갖춘 땅은 이미 촌락이 형
성되어 있어, 잠시 세 들어 살 수 있을 뿐 소유할 수는 없습니다.
정처 없이 떠돌아다니는 아브람의 입장에서 전쟁을 치르고 빼앗
지 않는 한, 살기 좋은 땅을 소유할 수 없는 것입니다. 롯 역시 소
돔과 고모라에 들어가 살면서 나그네 취급을 당했습니다.

"이 자가 들어와서 거류하면서 우리의 법관이 되려 하는도다"(창 19:9).

타지에서 들어와 남의 땅에 사는 주제에 본래 그 성에 살던 사
람들의 재판관이 되려 한다고 롯을 구박하는 내용입니다. 이러한

타향살이의 서러움을 아브람도 무수히 경험했습니다. 그런데 하나님이 그러한 서러움을 모두 풀어 주는 말씀을 하십니다. 아브람에게 땅을 주겠다고 약속하신 것입니다. 이것은 아브람의 응어리진 서러움을 달래고, 맺힌 한을 풀어 주는 놀라운 선언이었습니다.

자손을 주심

둘째로, 자손을 주겠다고 약속하셨습니다. 아들 하나 없이 늙어 가는 아브람에게 하나님은 땅의 모래만큼 많은 자손을 주겠다고 말씀하십니다. 이것이 아브람에게 얼마나 감격적으로 다가왔을까요? 롯을 떠나보내면서, 아마도 아브람은 '내게 대를 이을 아들이 있다면 얼마나 좋을까?' 생각했을 것입니다.

아브람에게 자기 자식이 없다는 것보다 더 큰 결핍과 아픔은 없었을 것입니다. 그런데 하나님은 그것을 알고 계셨습니다. 그래서 아브람을 찾아와 그에게 가장 없는 것, 그래서 원통했던 것, 바로 그것을 풀어 주겠다고 약속하셨습니다.

사실 하나님께서 아브람에게 허락하신 이 두 가지 축복은 구속사적인 의미를 담고 있습니다. 여기서 약속하신 땅은 가나안을 가리키고 그 가나안은 구속사적으로 예수 그리스도를 가리킵니다. 그래서 아브람의 자손들인 이스라엘 백성들이 가나안에 들어가게 되는 사건은 예수 그리스도 안에서 우리가 얻게 될 구원을 바라보는 하나의 예표입니다. 그러므로 어떻게 생각하면 우리는 아브람이 받은 복 그 이상을 이미 누리고 있는 사람들입니다. 아브람은 예표로서만 바라보던 예수 그리스도를 통한 구원을 우리는 누리고 있기 때문입니다.

지금 외로움 속에 있습니까? 결핍 가운데 있습니까? 먼저 가난한 마음으로 하나님을 찾으십시오. 예수 그리스도를 우리에게 선물로 주신 분이 우리에게 무엇을 아끼시겠습니까?

"자기 아들을 아끼지 아니하시고 우리 모든 사람을 위하여 내주신 이가 어찌 그 아들과 함께 모든 것을 우리에게 주시지 아니하겠느냐"(롬 8:32).

가난한 마음으로 하나님 한 분을 바라봤던 아브람에게 하나님은 놀라운 축복을 허락하셨습니다. 찾아와 만나 주셨고, 그가 가장 필요로 하던 것들을 주겠노라 약속해 주셨습니다. 가난한 마음으로 하나님 한 분을 바라본다면, 우리 역시 하나님을 만날 수 있습니다. 그리고 가장 필요했던 것, 가슴에 사무치리만치 절실했던 것들을 하나님을 통해 누릴 수 있습니다. 물론 우리가 하나님을 찾는 것은 복을 받기 위해서가 아닙니다. 롯을 떠나보낸 후 아브람이 그런 것처럼, 하나님밖에는 의지할 곳이 없어 하나님을 바라보는 것입니다. 그런데 하나님은 그렇게 당신을 의지하여 당신 앞에 나아오는 모든 사람을 기뻐하십니다. 그리고 그렇게 낮은 마음으로 하나님을 앙망하는 사람들에게 아무것도 아끼지 않으십니다.

"아브람의 일행 롯도 양과 소와 장막이 있으므로 그 땅이 그들이 동거하기에 넉넉하지 못하였으니 이는 그들의 소유가 많아서 동거할 수 없었음이니라 그러므로 아브람의 가축의 목자와 롯의 가축의 목자가 서로 다투고 또 가나안 사람과 브리스 사람도 그 땅에 거주하였는지라 아브람이 롯에게 이르되 우리는 한 친족이라 나나 너나 내 목자나 네 목자나 서로 다투게 하지 말자 네 앞에 온 땅이 있지 아니하냐 나를 떠나가라 네가 좌하면 나는 우하고 네가 우하면 나는 좌하리라 이에 롯이 눈을 들어 요단 지역을 바라본즉 소알까지 온 땅에 물이 넉넉하니 여호와께서 소돔과 고모라를 멸하시기 전이었으므로 여호와의 동산 같고 애굽 땅과 같았더라 그러므로 롯이 요단 온 지역을 택하고 동으로 옮기니 그들이 서로 떠난지라 아브람은 가나안 땅에 거주하였고 롯은 그 지역의 도시들에 머무르며 그 장막을 옮겨 소돔까지 이르렀더라 소돔 사람은 여호와 앞에 악하며 큰 죄인이었더라 롯이 아브람을 떠난 후에 여호와께서 아브람에게 이르시되 너는 눈을 들어 너 있는 곳에서 북쪽과 남쪽 그리고 동쪽과 서쪽을 바라보라 보이는 땅을 내가 너와 네 자손에게 주리니 영원히 이르리라 내가 네 자손이 땅의 티끌 같게 하리니 사람이 땅의 티끌을 능히 셀 수 있을진대 네 자손도 세리라 너는 일어나 그 땅을 종과 횡으로 두루 다녀 보라 내가 그것을 네게 주리라 **이에 아브람이 장막을 옮겨 헤브론에 있는 마므레 상수리 수풀에 이르러 거주하며 거기서 여호와를 위하여 제단을 쌓았더라**"

창 13:5-18

위기 속에서
자라는 믿음

    하나님을 만나고 축복의 약속을 받은 후, 아브람이 제일 먼저 한 일은 하나님께 제단을 쌓는 것이었습니다. 하나님을 만나고 축복의 약속을 받기는 했지만, 그것은 어디까지나 장래에 이루어질 약속이었습니다. 당장 아브람은 의지하던 롯 없이 홀로 살아가야 했습니다. 그것도 새로운 곳에서 말입니다. 노년의 아브람에게 이것은 매우 큰 부담이었고, 위험을 무릅쓴 결정이었습니다. 그러나 이 위기를 아브람은 신앙으로 헤쳐 나가리라 결심합니다.

    제단을 쌓았다는 것은 아브람이 하나님을 향한 신앙을 견고히 하겠노라 작정하였음을 의미합니다. 그러므로 우리는 "이에 아브람이 장막을 옮겨 헤브론에 있는 마므레 상수리 수풀에 이르러 거주하며 거기서 여호와를 위하여 제단을 쌓았더라"(창 13:18)라는 본문의 말씀을 읽으며, 위기를 만날수록 더욱 신앙으로 살기를 결단해야 합니다.

그런데 안타깝게도 정작 시련과 환난 가운데 있는 사람들은 그렇게 하지 않습니다. "성도님, 이런 때일수록 신앙생활을 더욱 똑바로 하셔야 합니다"라고 말하면, "목사님, 지금 제가 너무나 어려운 상황이라 신앙생활에 매진할 수 없습니다"라고 대답합니다.

그러나 신앙은 태평하고 평화로울 때를 위해서만 있는 것이 아니라 오히려 자신의 힘으로는 도저히 헤쳐 나갈 수 없는 인생의 위기를 위해 존재합니다. 그러므로 불비와 같은 환난이 소나기처럼 닥칠 때 우리가 제일 먼저 해야 할 일은 사람을 향한 희망과 세상을 향한 기대를 거두고 거룩하신 하나님 한 분을 앙망하는 것입니다. 세상이 주는 시련이 매서우면 매서울수록 기도 생활과 예배 생활에 마음을 모아야 합니다. 그래야 더 비싼 과외비를 치르지 않고 자신의 문제를 깨달을 수 있습니다.

하나님은 위기 속에 있을 때만 말씀하시는 분이 아닙니다. 환난이 닥쳐오기 전에, 그 비싼 과외비를 지불하지 않고도 깨달을 수 있도록 수없이 무료 수업의 기회를 주십니다. 그러나 사람들은 그것을 계속 무시하다가 비로소 값비싼 대가를 치르고 나서야 깨닫습니다.

그러므로 "복 있는 사람은 악인들의 꾀를 따르지 아니하며 죄인들의 길에 서지 아니하며 오만한 자들의 자리에 앉지 아니하고 오직 여호와의 율법을 즐거워하여 그의 율법을 주야로 묵상하는 도다"(시편 1:1-2)라는 성경의 말씀은 한 점의 거짓이나 과장이 없는 정확한 사실입니다.

되새기기

지금 환난을 당하셨습니까? 사랑하는 사람에게 배신을 당해 홀로 남겨졌습니까? 혼자 힘으로는 극복할 수 없는 삶의 사태 앞에서 있습니까? 문제의 해결은 예배에 있습니다. 하나님은 인생의 문제를 해결할 수 있는 열쇠를 먼 곳에 두지 않으셨습니다. 정신 차리고 예배로 나아오십시오. 간절한 마음과 바른 태도로 예배를 드리십시오. 그리고 하나님의 음성에 귀를 기울이십시오. 하나님이 어떤 마음으로 당신을 바라보고 계신지, 이 시련과 환난을 통해 하나님이 당신에게 가르쳐 주고자 하는 것이 무엇인지 겸비한 마음으로 하나님 앞에 나아와 답을 찾으십시오. 당신을 옭아매고 있는 인생의 문제는 바로 거기서부터 해결의 실마리를 얻게 됩니다.

인생의 두려운
밤을 지날 때

믿음이 모든 두려움을 물리치는 것이 사실이지만,
우리가 항상 믿음으로 충만하지는 않습니다.
인간의 마음에는 언제나 믿음과 의심이 공존하기 때문입니다.
놀라운 은혜를 누리며 그 어느 때보다 강한 확신에 차 있다가도
커다란 위기에 맞닥뜨리면 한순간에 머릿속이 하얘지는 존재가 인간입니다.
그러므로 하나님을 믿지 않는 사람과 하나님을 믿는 사람의 차이는
단순하게 두려움이 있느냐 없느냐가 아닙니다.

신앙을 가진 사람에게도 두려운 것은 두려운 법입니다.
다만 그 두려움을 어떻게 이겨 내는가 하는 것에서 차이가 날 뿐입니다.
인생의 두려운 밤, 신앙이 없는 사람은 두려움에 떨다 지쳐 가지만
신앙이 있는 사람은 신앙의 도움을 받아 그 밤을 불꽃처럼 지납니다.

이야기의 배경은
이러하였으니

　아브람은 하나님의 인도를 따라 가나안 땅으로 들어왔습니다. 그리고 그곳에서 땅을 주시겠다는 하나님의 약속을 받는 은혜의 감격도 누렸습니다. 그러나 그런 그도 세속적인 안정을 위해 점점 약속의 땅을 떠나 멀리 남방으로 내려가는 우(愚)를 범했습니다. 하지만 하나님의 은혜 속에서 곧 처음 신앙을 회복하고, 더욱 견고한 믿음을 갖게 되었습니다.

　또한 아브람에게는 하나님보다 조카 롯을 더 많이 의지한 적도 있었을 것입니다. 그러나 때가 되자 그는 미련 없이 롯을 떠나보냈습니다. 아브람은 롯에게 기대어 쉽게 살아가기보다는, 위험하고 어렵더라도 하나님을 의지하는 삶을 선택했습니다.

그렇게 아브람은 하나님의 인도하심 속에서 조금씩 더 견고한 믿음의 사람이 되어 갔습니다.

그런데 그즈음, 아브람은 또다시 문제 상황에 봉착하게 됩니다. 창세기 13장과 14장 사이에 얼마의 시간 간격이 있는지는 정확히 알 수 없습니다. 그러나 그리 긴 세월이 흐른 것은 아님에 분명합니다. 아무튼 그때에 북부 메소포타미아 지역의 4개 동맹국(시날, 엘라살, 엘람, 고임)과 가나안 남부 사해 근방의 5개 동맹국(소돔, 고모라, 아드마, 스보임, 벨라) 사이에 전쟁이 일어났습니다.

사실 이 아홉 나라는 말이 나라이지, 하나의 부락 정도로 이해하는 편이 적절합니다. 제가 이스라엘을 방문해 보고서 느낀 것인데, 이스라엘 사람들은 지형 조건에 대해 다소 부풀려 말하는 측면이 있는 것 같습니다. 그들이 강이라고 해서 가 보면 개울이고, 바다라고 불러서 가 보면 호수이고, 산이라고 일컬어 가 보면 동산이고, 평야라고 말해서 가 보면 조금 넓은 밭입니다. 아마도 본문에서 거론되고 있는 나라들 역시 작은 성 하나 크기의 나라일 것입니다.

아무튼 아브람 시대에 그 아홉 나라들 사이에 전쟁이 발발했는데, 그 원인은 사해 근방의 5개국이 12년 동안 조공을 바치며 섬겨 오던 엘람 왕 그돌라오멜을 배반했기 때문입니다. 13년째 되는 해에 사해 근방 5개국 왕들이 조공을 끊고 반역을 선언하자, 14년째 되는 해 엘람 왕 그돌라오멜은 메소포타미아 지역의 다른 나라 시날, 엘라살, 고임과 힘을 합쳐 공격해 왔습니다. 결국 이 전쟁은 메소포타미아 지역의 4개 동맹국의 승리로 끝이 나고, 소돔과 고모라 땅에 살던 사람들 대부분이 재산을 약탈당한 채 포로로 끌려가게 되었습니다.

그런데 그 소식이 도망 나온 사람의 증언을 통해 아브람에게까지 전해졌습니다. 소돔에 살고 있던 조카 롯이 모든 재물을 노략질당한 채 끌려가고 있다는 소식을 접한 아브람은 즉시 훈련된 병사 318명을 거느리고 쫓아갑니다. 자기 이권만 챙겨 떠난 롯에 대한 악감정이 남아 있을 만도 한데, 아브람은 위험을 무릅쓰고 롯을 구하러 쫓아갔습니다.

당시 개인이라 할지라도 가족과 재산을 지키기 위해 군사를 길렀는데, 아브람 역시 유사시를 대비해 전문적으로 훈련된 병사들을 데리고 있었습니다. 즉 그 군사들은 남을 치기 위해서가 아니라 남의 공격으로부터 자신을 보호하기 위해 준비된 사람들이었습니다. 그러나 사랑하는 조카 롯이 포로로 끌려가고 있다는 소식을 듣자 아브람은 분연히 일어섰습니다. 그리고 승리에 도취되어 의기양양 돌아가고 있던 4개국 군대를 야밤에 기습하여, 강탈당한 재물과 끌려가던 포로들을 되찾아 옵니다.

그러나 이 일 이후 아브람은 승리의 기쁨보다 보복의 두려움에 떨어야 했습니다. 그가 공격한 그돌라오멜은 당시 근동 지방의 패권을 장악하고 있던 강력한 나라 엘람의 왕이었고, 전쟁을 두려워하지 않는 호전적인 사람이었습니다. 그러므로 그돌라오멜이 언제 군사를 이끌고 쳐들어올지 몰랐습니다.

"이후에 여호와의 말씀이 환상 중에 아브람에게 임하여 이르시되 아브람아 두려워하지 말라 나는 네 방패요 너의 지극히 큰 상급이니라 아브람이 이르되 주 여호와여 무엇을 내게 주시려 하나이까 나는 자식이 없사오니 나의 상속자는 이 다메섹 사람 엘리에셀이니이다 아브람이 또 이르되 주께서 내게 씨를 주지 아니하셨으니 내 집에서 길린 자가 내 상속자가 될 것이니이다 여호와의 말씀이 그에게 임하여 이르시되 그 사람이 네 상속자가 아니라 네 몸에서 날 자가 네 상속자가 되리라 하시고 그를 이끌고 밖으로 나가 이르시되 하늘을 우러러 뭇별을 셀 수 있나 보라 또 그에게 이르시되 네 자손이 이와 같으리라 아브람이 여호와를 믿으니 여호와께서 이를 그의 의로 여기시고 또 그에게 이르시되 나는 이 땅을 네게 주어 소유를 삼게 하려고 너를 갈대아인의 우르에서 이끌어 낸 여호와니라 그가 이르되 주 여호와여 내가 이 땅을 소유로 받을 것을 무엇으로 알리이까 여호와께서 그에게 이르시되 나를 위하여 삼 년 된 암소와 삼 년 된 암염소와 삼 년 된 숫양과 산비둘기와 집비둘기 새끼를 가져올지니라 아브람이 그 모든 것을 가져다가 그 중간을 쪼개고 그 쪼갠 것을 마주 대하여 놓고 그 새는 쪼개지 아니하였으며 솔개가 그 사체 위에 내릴 때에는 아브람이 쫓았더라"

창 15:1-11

인생의 두려운
밤을 만났을 때

창세기 14장에서 아브람은 다섯 나라의 왕이 힘을 합쳐도 이기지 못하던 네 나라 군대를 겨우 318명을 거느리고 쫓아가 대파(大破)했습니다. 그러나 승전의 영광이 가득한 14장에 뒤이어 등장하는 15장 1절의 첫머리를 보십시오. 하나님은 아브람에게 "아브람아 두려워하지 말라 나는 네 방패요 너의 지극히 큰 상급이니라"(창 15:1)고 말씀하시며 위로합니다.

이 사실이 보여 주는 것이 무엇입니까? 성경은 구체적으로 기록하고 있지 않지만, 아브람은 창세기 14장과 15장 사이에서 그의 인생에서 가장 어둡고 두려운 밤을 지난 것이 틀림없습니다.

한번 입장을 바꿔 생각해 보십시오. 롯을 구하고, 빼앗아 간 물건도 도로 찾아왔습니다. 그러나 하고자 했던 일을 완수했으나 마음은 편치 않았습니다. 그돌라오멜이 언제 다시 전열을 가다듬고 복수하러 올지 모르기 때문입니다.

이미 소돔과 고모라를 위시한 사해 주변 5개국의 힘은 그돌라오멜 연합군에게 상대가 되지 않음이 판명되었습니다. 그런데 아브람은 그런 약소국조차도 못 되는 일개 가문의 수장일 뿐입니다. 만약 그돌라오멜의 연합군이 아브람 하나를 겨냥하고 전쟁을 일으킨다면, 그것은 아브람의 힘으로 감당할 수 없는 전쟁이 될 것이 자명했습니다. 따라서 아브람은 롯을 구해 왔음에도 불구하고, 승리의 기쁨 대신 보복의 두려움에 사로잡힌 채 인생의 어둡고 두려운 밤을 보내야 했습니다.

신앙에 따른 선택인가?

그러나 아브람이 그 아홉 나라의 전쟁에 뛰어든 것은 단순하게 롯을 향한 가족애 때문이 아니었습니다. 그는 신앙을 따라 이 위험천만한 전쟁에 개입하게 되었고, 역시 신앙을 따라 그 전쟁을 치렀습니다.

사실 우리 인생에서 이것보다 더 중요한 문제는 없습니다. '신앙을 따라 선택한 일인가? 신앙을 따라 그 일을 하고 있는가?' 하는 이 단순한 질문이 우리 인생의 성패를 갈라놓습니다.

비록 인생의 두려운 밤을 지나고 있다 할지라도, 하나님 앞에서 똑바로 신앙생활을 하고 있다면 이내 거기에서 벗어날 길을 만나게 됩니다. 그러나 인생의 두려운 밤이 왔다고 마음까지 캄캄해져서 넘어진 그 자리에 주저앉아 버린다면, 인생뿐 아니라 영혼에 어두운 밤이 시작됩니다.

우리는 성경에서 한 사람의 신앙이 잘못되었기 때문에 얼핏 보기에는 그것과 상관이 없는 다른 많은 사람들까지 함께 큰 시련을 만나거나 고통을 당하는 장면들을 종종 보았습니다. 대표적인 경우가 요나입니다. 그가 니느웨로 가라는 하나님의 명령을 거역하고 다시스로 가기 위해서 배표를 샀을 때, 그는 그저 한 사람의 손님에 불과했습니다. 그러나 선장은 몇 푼 안 되는 배 삯을 받고 요나를 태웠다가 망할 뻔했습니다. 사실 요나서를 히브리어 성경으로 읽어 보면 더욱 흥미진진합니다.

하나님이 큰 바람을 내려 폭풍이 일어나게 하셨다는 대목을 히브리어 성경은 '던지다'라는 의미의 단어 '헤틸'(הטיל)을 사용하여 '하나님이 바람을 발사하셨다'라고 표현하고 있습니다. 얼마나 실감나는 묘사입니까? 마치 하나님이 대포를 발사하듯이 요나가 탄 배가 있는 바다에 바람을 불어넣으신 것입니다.

이 책의 앞부분에서 우리는 가나안에 내린 큰 흉년은 아브람이 하나님께서 주신 약속의 땅으로부터 멀어진 것에 대한 징계일 수도 있음을 살펴보았습니다. 하나님께서 아브람에게 히브리 성경의 표현대로 직역하자면 "네 안에서 모든 사람이 복을 받을 것이라"고 약속하셨지만, 그가 하나님과 온전한 관계를 갖지 못하자 오히려 재앙의 근원이 된 것입니다.

이것이 바로 하나님 백성의 독특한 특성입니다. 하나님의 백성이 어떻게 살아가느냐에 따라, 그의 가족과 이웃과 직장과 사회가 함께 복을 받기도 하고 함께 환난을 당하기도 합니다. 그러므로 당신이 올바로 하나님을 믿고 온전한 신자가 되는 것은 당신 개인의 문제가 아닙니다.

요셉의 경우를 보십시오. 그는 애굽 땅에 노예로 팔려 갔습니다. 어느 날 갑자기 하나님을 모르는 땅, 하나님을 믿지 않는 사람들 속에 던져졌으나, 요셉은 하나님을 원망하는 대신 오히려 하나님을 모르는 그 땅에서 하나님을 더욱 의지하며 살았습니다.

"여호와께서 요셉과 함께하시므로 그가 형통한 자가 되어 그의 주인 애굽 사람의 집에 있으니 그의 주인이 여호와께서 그와 함께하심을 보며 또 여호와께서 그의 범사에 형통하게 하심을 보았더라"(창 39:2-3).

그리고 요셉이 하나님과 동행하는 삶을 산 결과, 요셉은 물론 그를 데리고 있던 보디발의 온 집에 하나님의 복이 임했습니다.

"여호와께서 요셉을 위하여 그 애굽 사람의 집에 복을 내리시므로 여호와의 복이 그의 집과 밭에 있는 모든 소유에 미친지라"(창 39:5).

요셉이 복을 가져오는 사람이 될 수 있었던 것은 그가 하나님이 함께하시는 삶을 살았기 때문입니다. 이방신을 섬기며 살던 애굽 왕 바로조차 요셉을 만나고는 '하나님의 영에 감동된 사람'이라고 말했습니다. 하나님이 요셉과 함께하신다는 것을 인정하였기에, 하나님이 요셉에게 특별한 복을 주신다는 것을 알았기에, 바로는 주저 없이 요셉에게 나랏일을 맡겼습니다. 요셉을 통해, 애굽 온 땅에 하나님의 복이 미칠 것임을 간파한 것입니다. 그러므로 우리가 우리 자신과 우리 자녀들을 위해 간구해야 할 중요한 기도 제목 중 하나가 '좋은 사람, 복 있는 사람을 만나는 것'입니다.

그리스도인에게는 개인에게 국한된 문제가 없습니다. 우리가 받은 구원 자체가 개인을 위한 것이 아니라, 하나님의 창조 목적을 성취하고 인류의 행복에 기여하게 될 거룩한 공동체를 만드는 사건이었습니다.

따라서 하나님의 자녀 한 사람의 넘어짐은 한 사람만 넘어지는 것으로 끝나는 일이 아니고, 한 사람의 회복은 한 사람만 회복되는 것으로 끝나는 일이 아닙니다. 그러므로 우리는 기억해야 합니다. 절망적인 상황이 찾아왔다고 주저앉아 버리면, 자기 한 사람만 잘못되는 것이 아니라 딸린 많은 사람들이 함께 고통 속으로 들어가게 된다는 사실을 말입니다.

제가 특히 한 가정의 가장들에게 꼭 전하고 싶은 당부가 이것입니다. 아내가 기도를 많이 한다고 태만하게 신앙생활하는 남편들이 더러 있습니다. 이것은 하나님의 은혜와 기대를 거스르는 반응입니다. 열심히 신앙생활하는 아내를 보며 남편은 이런 생각을 해야 합니다.

'아내도 저렇게 열심히 신앙생활을 하는데, 가장인 나는 얼마나 더 잘 살아야 할까.'

그런데 안타깝게도 많은 가장들이 '하나님, 신앙적인 이야기는 제 아내와 나누십시오. 그것은 제 아내의 전공입니다' 하고 말하는 듯한 태도로 살아갑니다. 이런 가장들은 위기가 찾아오면, 쉽게 신앙을 버리고 무너집니다. 그리고 그 결과, 딸린 가족과 함께 오래도록 고난과 시련 속에서 방황합니다. 사실 그 모든 것이 자신이 신앙 위에 견고하게 서 있지 못한 결과인데, 그들은 그것을 알려고도 인정하려고도 하지 않습니다.

그러나 아브람은 달랐습니다. 비록 지금 인생의 어두운 밤을 만나 두려움에 떨고 있기는 했지만, 아브람은 그 어느 때보다 신앙적으로 굳건하게 서서 그 밤을 보내고 있었습니다. 비록 아브람이 전쟁 이후 불안에 떨며 밤을 보내고 있었지만, 그때에도 그는 신앙을 떠나지 않았습니다. 그 전쟁은 신앙을 따라 치른 전쟁이었기 때문입니다. 아브람이 신앙을 따라 그 전쟁에 참여했다는 증거는 다음과 같습니다.

언약에 따른 선택이었다

우선 첫째로, 아브람은 언약에 충실했습니다. 성경은 아브람에게 그 전쟁에 대한 소식이 전해진 사건을 다음과 같이 보도합니다.

> "도망한 자가 와서 히브리 사람 아브람에게 알리니 그때에 아브람이 아모리 족속 마므레의 상수리 수풀 근처에 거주하였더라 마므레는 에스골의 형제요 또 아넬의 형제라 이들은 아브람과 동맹한 사람들이더라"(창 14:13).

당시 아브람은 마므레라는 이름을 가진 아모리 사람의 상수리 나무 숲 근처에 살고 있었습니다. 마므레에게 에스골과 아넬이라는 형제들이 있었는데, 아브람은 이들 모두와 동맹을 맺었습니다. 성경의 진술로 미루어 보건대, 도망쳐 나와 소식을 전해 준 사람은 마므레 또는 마므레의 일가 중 하나였을 가능성이 큽니다. 왜냐하면 아브람은 그 땅에서 타국인이요 이방 사람이었고, 조카 롯역시 또 다른 우거하는 자에 불과했기 때문입니다. 그 전쟁터에서 빠져나온 사람이 누구였는지는 정확하게 알 수 없으나, 도망쳐서 마므레의 상수리 수풀로 온 것으로 보아 마므레 일족이라 추측할수 있습니다. 마므레는 아브람과 달리 아모리 사람이었고 가나안의 원주민이었습니다.

이렇게 유추해 보면 도망 나온 자가 마므레의 일족과 아브람의 동맹 사실을 알고, 아브람에게도 롯의 소식을 전해 주었으리라 추측할 수 있습니다. 그렇지 않다면 마므레 일가의 참전은 의아한 점이 있습니다. 아무리 동맹관계에 있었다 한들, 아브람이 직접 공격을 당한 것도 아니고 롯이 공격을 당해 납치된 것인데, 거의 승산이 없는 싸움에 참전하는 것이 설득력이 없습니다. 그들은 아브람과 동맹을 맺었지, 롯과 맺은 것이 아니기 때문입니다.

성경의 적은 분량의 기록으로는 확고한 판단을 내리기 충분하지 않지만, 나는 이 전쟁에 마므레 일가가 끼어든 것은 네 왕으로 말미암은 피해(창 14:11) 때문이었을 가능성이 높다고 생각합니다. 어쨌든 마므레 일가가 모두 전쟁에 나서게 되었고, 아브람도 그 전쟁에 개입하게 됩니다. 아브람에게 이 참전은 조카 롯도 구하고 마므레와의 언약을 따르는 것이기도 했을 것입니다.

롯을 향한 사랑의 선택이었다

둘째로, 아브람은 자신의 마음을 아프게 하고 떠난 조카를 끝까지 사랑했습니다. 사실 이것이 바로 그가 이 전쟁에 참여한 가장 중요한 이유였습니다.

아브람이 롯을 끝까지 사랑했다는 이 사실을 대수롭지 않게 평가하는 사람도 있을 것입니다. 삼촌으로서 자기의 혈육인 조카를 사랑하는 것은 당연한 일이라고 생각하기 때문입니다. 그러나 혈육이기에, 믿고 사랑했던 조카이기에, 아브람이 느낀 배신감은 더

컸을 것입니다.

한번 입장을 바꿔 생각해 보십시오. 당신에게 일찍 부모를 여읜 조카가 있습니다. 마침 당신에게 자식이 없어서 그를 아들로 생각하고 길렀습니다. 그런데 그 조카가 장성하여 재산권을 행사할 수 있게 되자, 자기 몫을 주장하기 시작합니다. 그리고 철저히 자기 이권만 챙기려 듭니다. 부자지간처럼 막역하게 지내고 싶었던 마음은 몰라주고, 피 한 방울 섞이지 않은 이웃 사람보다 못하게 굽니다.

재산상의 문제로 자꾸 다툼이 생기는 것을 견디다 못해, 이럴 바에는 차라리 떨어져 살자고 제안합니다. 그러나 마음 한편으로는 조카가 "삼촌! 그럴 수 없습니다. 지금껏 우리는 함께 고난과 시련을 이겨 오지 않았습니까? 우리가 어떻게 떨어져 살 수 있겠습니까? 제게는 재산보다 삼촌이 더 중요합니다. 제가 잘못했습니다. 재산의 손실은 감당할 수 있으나, 사랑하는 삼촌을 떠나 사는 것은 자신이 없습니다"라고 말해 주길 기대했을 것입니다. 그런데 조카는 기다렸다는 듯이 자기 몫을 챙겨 떠납니다. 그것도 나쁜 땅은 삼촌 몫으로 돌리고, 좋은 땅을 골라서 말입니다.

미련 없이 떠나는 조카의 뒷모습을 보며, 아브람은 많은 생각을 했을 것입니다. 미움과 원망도 생겼을 것입니다. 롯의 입장에서는 불어난 재산을 지키기 위한 어쩔 수 없는 선택이라 할지 모르지만, 아브람의 입장에서는 배은망덕한 행동이 아닐 수 없었습니다.

그러므로 그렇게 떠난 조카 롯이 그렇게 사랑한 재물을 약탈당한 채 포로로 끌려가고 있다는 소식을 듣고, '이제 너도 나를 떠난 것을 후회하겠구나. 너도 나 없이 고생 한번 해 봐라' 하는 마음을 가졌다 할지라도, 우리는 수긍할 수 있습니다. '사해 근방의 다섯 나라가 힘을 합쳐도 졌는데, 내가 무엇을 할 수 있으리' 하며 지레 포기했다 할지라도 아브람의 입장을 이해할 수 있습니다.

그러나 아브람은 조카 롯을 한 친족으로 여기고 사랑하는 관계를 지속하기를 원했습니다(창 13:8). 그래서 318명의 사람을 데리고 용감하게 그돌라오멜 왕의 연합군을 추격했습니다. 물론 여기서 마므레 일가의 동참은 그에게 큰 격려가 되었을 것입니다.

그러나 그것을 감안한다 할지라도 이러한 모습은 과거 비굴하고 옹졸하며 우유부단하던 아브람의 모습과는 대조를 이루는 것입니다. 이처럼 신앙은 아브람을 새롭게 변화시키고 있었습니다. 아브람이 배신의 쓴 잔을 마시게 한 롯을 끝까지 사랑할 수 있었던 것은 신앙의 힘이었습니다. 롯이 더 이상 아브람을 사랑하지 않는다 할지라도, 아브람은 변함없이 롯을 사랑했습니다. 롯은 아브람보다 자신의 재산을 더욱 중요하게 생각했지만, 아브람은 롯을 위해서라면 재산은 물론 목숨까지 걸 수 있었던 것입니다.

신앙에 따른 선택이었다

셋째로, 아브람은 자신의 분깃을 거절했습니다. 전쟁에서 승리하면, 당연히 전리품을 취하게 됩니다. 이것은 불의가 아니라 승리한 사람의 영광입니다. 그런데 아브람은 전리품을 나누어 받기를 거절했습니다. 이것은 그가 이 전쟁에 참여한 의도가 얼마나 순수한 것이었는지를 보여 줍니다.

아브람이 승리를 거두고 돌아온다는 소식을 듣고 소돔의 왕이 영접을 나왔습니다. 그리고 전설적인 제사장 멜기세덱이 떡과 포도주를 가지고 나와 아브람을 축복해 주었습니다. 이에 아브람은 멜기세덱에게 전리품의 10분의 1을 주며 승리의 영광을 하나님께 돌립니다. 주석가들은 이것이 바로 십일조의 원조라고 말합니다. 그런데 이어서 아브람이 이 전쟁에 신앙을 따라 참전하였음을 알 수 있는 중요한 구절이 등장합니다. 소돔 왕이 아브람에게 되찾아온 탈취물들을 모두 취하라고 말하자, 실오라기 하나도 갖지 않겠다고 대답한 것입니다.

> "소돔 왕이 아브람에게 이르되 사람은 내게 보내고 물품은 네가 가지라 아브람이 소돔 왕에게 이르되 천지의 주재이시요 지극히 높으신 하나님 여호와께 내가 손을 들어 맹세하노니 네 말이 내가 아브람으로 치부하게 하였다 할까 하여 네게 속한 것은 실 한 오라기나 들메끈 한 가닥도 내가 가지지 아니하리라"(창 14:21-23).

소돔과 고모라는 세속적인 향락이 넘쳐 나는 죄악된 땅이었습니다. 아브람은 소돔과 고모라를 통해 부귀와 영화를 누리며 기쁨을 얻는 것을 원치 않았습니다. 아브람을 버리고 소돔과 고모라로 나아갔던 롯과는 정반대의 선택입니다.

더구나 그는 자신의 부강(富强)이 하나님 한 분만으로 말미암았다고 세상에 알려지기를 원했습니다. 그러므로 소돔 왕이 주는 재물을 받을 수 없었습니다. 소돔 왕이 나중에라도 "아브람이 탈취물을 얻기 위해 이 전쟁에 개입했다. 내가 많은 재물을 주어 그를 부자로 만들었다"라고 말하는 것을 원치 않았던 것입니다.

아브람은 알고 있었습니다. 그의 승리는 그 자신의 능력으로 말미암은 것이 아니라 하나님께서 그의 대적들을 그의 손에 붙여주셨기 때문임을 말입니다. 그래서 그는 함께 동행한 삼형제, 아넬과 에스골과 마므레의 분깃을 챙겨 줄 것을 당부할 뿐 자기 몫을 챙기지 않았습니다.

사실 아브람은 아직 하나님으로부터 아브라함이라는 이름을 받지 못했습니다. 그에게 하나님을 믿고 의지하는 견고한 신앙이 없는 것은 아니었지만, 열국의 아비요 믿음의 조상으로 불리기에는 턱없이 연약한 상태였습니다. 그러나 아브람은 이 전쟁을 치르며 하나님이 자신과 함께하심을 확인했습니다. 인생의 두려운 밤을 지날지라도, 담대하게 하나님을 바라볼 수 있는 믿음의 근거를 가진 사람이 된 것입니다.

이 전쟁은 아브람에게 현실적으로는 위기였으나 영적으로는 기회가 되었습니다. 아브람에게 이 전쟁의 경험이 없었다면, 그는 이후에 찾아오는 인생의 캄캄하고 두려운 밤을 지나며 하나님을 버렸을 수도 있습니다. 하나님이 인도하시는 대로 살았는데, 왜 이런 두려운 밤을 주시는지 따지며 절망했을지도 모릅니다. 그러나 신앙을 따라 전쟁을 하고 기적 같은 승리를 거둔 경험이 있었기에, 아브람은 인생의 어두운 밤을 지나며 영혼까지 어둠에 사로잡히는 대신 하나님을 더욱 굳게 붙들 수 있었습니다.

당신은 어떻습니까? 누구나 인생의 어두운 밤을 지날 때가 있습니다. 하나님을 믿는 사람에게도 너무나 무섭고 괴로워 저녁에 잠들면 아침에 눈뜨기조차 싫은 순간이 찾아옵니다. 그러나 하나님을 전심으로 의지하는 사람은 인생의 어두운 밤보다 영혼의 어두운 밤을 더 무서워합니다. 그래서 어두운 밤을 지나며 오히려 하나님을 더욱 간절히 찾습니다.

홀로 두려워하는 밤에 임하는 은혜

창세기 15장에서 우리는 두려움에 사로잡힌 아브람을 만나게 됩니다. 놀라운 승리를 거두었고, 지극히 높으신 하나님의 제사장 멜기세덱으로부터 축복도 받았습니다. 그러나 그럼에도 불구하고 아브람은 홀로 두려워하는 밤을 지나고 있었습니다.

비록 신앙적으로는 그 어떤 부끄러움도 남기지 않고 전쟁을 마쳤지만, 현실적으로는 매우 심각한 위기를 초래한 전쟁이었습니다. 그돌라오멜 왕이 본국으로 돌아가 군대를 다시 정비한 후 아브람의 집안을 향해 돌격해 온다면, 아브람의 병력으로는 방어할 수가 없었습니다. 그래서 아브람은 대승을 거두고도 오히려 두려워 떨고 있었습니다.

민음은 모든 두려움을 물리치는 것이 사실이지만, 사람이 항상 믿음으로 충만할 수는 없습니다. 인간의 마음에는 언제나 믿음과 의심이 공존하기 때문입니다. 이것이 연약한 인간의 모습입니다. 놀라운 은혜를 누리며 그 어느 때보다 강한 확신에 차 있다가도, 커다란 환경의 위기가 찾아오면 한순간에 머리가 하얗게 되는 존재가 인간입니다. 오죽하면 담대한 믿음과 큰 능력의 소유자였던 사도 바울조차 환난 속에서 살 소망이 끊어지고 마음이 사형 선고를 받은 듯했노라고 고백했겠습니까?

"형제들아 우리가 아시아에서 당한 환난을 너희가 모르기를 원하지 아니하노니 힘에 겹도록 심한 고난을 당하여 살 소망까지 끊어지고 우리는 우리 자신이 사형 선고를 받은 줄 알았으니 이는 우리로 자기를 의지하지 말고 오직 죽은 자를 다시 살리시는 하나님만 의지하게 하심이라"(고후 1:8-9).

선지자 엘리야도 "나만 홀로 남았다"고 절망에 찬 외침을 토해 냈고, 나귀의 턱뼈로 천 명을 때려죽인 삼손 역시 그 턱뼈를 내던

진 후 "나는 이제 목말라 죽을 것이다"라고 좌절했습니다.

> "엘리야가 모든 백성에게 가까이 나아가 이르되 너희가 어느 때까지 둘 사이에서 머뭇머뭇 하려느냐 여호와가 만일 하나님이면 그를 따르고 바알이 만일 하나님이면 그를 따를지니라 하니 백성이 말 한마디도 대답하지 아니하는지라 엘리야가 백성에게 이르되 여호와의 선지자는 나만 홀로 남았으나 바알의 선지자는 사백오십 명이로다" (왕상 18:21~22)

> "삼손이 심히 목이 말라 여호와께 부르짖어 이르되 주께서 종의 손을 통하여 이 큰 구원을 베푸셨사오나 내가 이제 목말라 죽어서 할례 받지 못한 자들의 손에 떨어지겠나이다 하니" (삿 15:18)

훌륭한 믿음의 사람들 모두가 이렇게 절망하며 무너지기도 했습니다. 이처럼 사람의 강함과 약함은 종이 한 장 차이입니다. 하나님의 은혜가 임하면, 절망으로 어두워졌던 마음도 금세 환하게 밝아집니다. 엘리야와 삼손을 보십시오. 사람은 절망하지만, 하나님은 그런 사람의 영혼을 회복시키사 더 큰일을 맡겨 주십니다.

본문의 아브람에게도 하나님의 위로가 임했습니다. 절망 가운데 두려워 떨던 아브람에게 환상 중에 하나님의 말씀이 들려왔습니다.

> "아브람아 두려워하지 말라 나는 네 방패요 너의 지극히 큰 상급이니라"(창 15:1).

분명 이 음성은 아브람에게 말할 수 없는 격려가 되었을 것입니다. 그러나 아브람은 그 말씀만으로는 안심할 수 없었습니다. 아브람은 인생의 두려운 밤을 보내며 사무치는 외로움도 함께 경험했을 것입니다.

'아, 이럴 때 의지할 만한 든든한 아들이 하나 있다면 얼마나 좋았을까?'

아브람은 분명 이런 생각을 했을 것입니다. 그래서 그는 하나님께 이렇게 대답합니다.

> "주 여호와여 무엇을 내게 주시려 하나이까 나는 자식이 없사오니 나의 상속자는 이 다메섹 사람 엘리에셀이니이다"(창 15:2).

참 이상한 것이 인생이 형통할 때는 홀로 있어도 혼자라는 생각이 들지 않습니다. 만사가 술술 풀릴 때는 어디를 가나 따르는 사람이 나타나고 사랑해 주는 사람도 많습니다. 그러나 인생의 두려운 밤을 지날 때는 옆에 사람이 있어도 외롭습니다. 내 마음을 알아주는 사람도 없고, 내 편이 되어 줄 사람도 없다는 절망감이 엄습합니다. 별빛조차 없는 밤바다에 홀로 떠다니는 작은 배 한 척처럼 막막하고 쓸쓸하기만 한 것입니다.

그러나 이때야말로 그 어느 때보다 성도의 교제가 필요한 시기입니다. 형제자매들의 기도를 받으며 다시 하나님의 말씀 앞에 나아가야 하는 때입니다.

그런데 우리 삶은 정반대입니다. 인생에 어두움이 몰려올수록 교회로부터 멀어집니다. 상황이 어려우니 지금은 속 편하게 신앙생활하고 있을 형편이 아니라고 생각하는 것입니다. 그러나 그런 때일수록 낙망하지 않고 거미줄 같은 신앙이라도 붙들고 교회에 나와야 합니다. 나와서 주님께 더 가까이 다가가려는 성도들을 만나 위로와 격려를 받아야 합니다.

어쩌면 당신도 이런 경험을 해 보았을 것입니다. 고민은 많고 괴로운데 도무지 기도가 되지 않습니다. 그런데 나도 죽을 지경인데 다른 지체가 정말 죽을 것 같다며 상담을 청해 옵니다. 그래서 둘이 이야기를 나누는데 나도 모르게 "그래도 희망을 가져야 해. 그럴수록 더 하나님을 바라봐야 해" 하고 말하고 있습니다. 그와 헤어지고 홀로 남아 생각해 보니, 내가 한 말은 정작 내게 더 필요한 말이었습니다. 하나님께서 나 자신을 돌아보라고 그를 보내 주신 모양입니다. 어느새 마음이 녹아 하나님 앞에 새롭게 서게 됩니다. 이런 경험을 해 본 적이 있지 않습니까? 이것이 시험에 들었을 때, 성도와 교제함으로써 누리게 되는 유익입니다.

그러므로 스스로 시험에 들었다고 생각되는 때를 보내고 있다면, 오히려 더 열심히 교회에 나와 은혜의 수단에 참여해야 합니다. 그래서 '이것마저 놓치면 나는 영혼의 어두운 밤 속으로 깊이 들어가 헤어 나오기 힘들 것이다'라고 생각하며 성도들과 교제하고 전도와 봉사에 힘써야 합니다.

언젠가 어떤 성도가 제게 이런 고백을 했습니다.

"목사님! 정말 마음이 산란하고 불만이 가득할 때면 저는 임종을 앞둔 성도를 심방합니다. 가서 그의 손을 잡고 기도하면 항상 눈물이 나옵니다. 정말 괴로운 일이 많아서, 차라리 제가 그 사람 대신 죽고 그 사람이 저 대신 살았으면 좋겠다는 마음으로 갈 때도 있습니다. 그런데 심방을 하고 죽음을 묵상하며 영원한 하나님 나라에 대한 전망에 사로잡혀 있다 보면, 저를 짓누르는 고민과 괴로움들이 대수롭지 않게 느껴지곤 합니다."

이것 역시 성도의 교제 속에서 누리는 유익입니다. 물론 환난과 시련을 당할 때 누구에게도 기대지 않고, 하나님 한 분만을 의지하며 간구하는 사람도 있습니다. 어찌하든지 하나님 한 분만을 붙들고 그 말씀에 순종하고자 몸부림치는 것은 훌륭한 태도입니다. 그러나 때로는 그럴 수 있는 힘 자체가 없을 때가 있습니다. 이럴 때 우리는 성도의 교제를 통해 위로와 격려를 얻고, 새 힘을 낼 수 있습니다.

이러한 측면에서 생각해 볼 때, 우리는 아브람보다 훨씬 더 행복한 사람들입니다. 신앙을 나눌 만한 동지가 옆에 있기 때문입니다.

신앙으로 전쟁에 임하고, 그 전쟁을 통해 더욱 확고한 신앙을 세우게 되었으나, 아브람에게는 그 신앙을 함께 나눌 만한 사람이 없었습니다. 현실적인 문제로 고민하고 두려워하면서 아브람은 자신에게는 신앙과 재산을 상속할 만한 이가 없음을 알았습니다. 그런데 바로 이때 하나님은 아브람을 찾아오셨습니다. 하나님은 가난한 마음, 외로운 마음, 하나님 한 분만을 앙망하지 않을 수 없는 간절한 마음을 가진 사람들에게 나타나시는 분이기 때문입니다.

"이후에 여호와의 말씀이 환상 중에 아브람에게 임하여 이르시되 **아브람아** 두려워하지 말라 **나는 네 방패요 너의 지극히 큰 상급이니라** 아브람이 이르되 주 여호와여 무엇을 내게 주시려 하나이까 나는 자식이 없사오니 나의 상속자는 이 다메섹 사람 엘리에셀이니이다 아브람이 또 이르되 주께서 내게 씨를 주지 아니하셨으니 내 집에서 길린 자가 내 상속자가 될 것이니이다 여호와의 말씀이 그에게 임하여 이르시되 그 사람이 네 상속자가 아니라 네 몸에서 날 자가 네 상속자가 되리라 하시고 그를 이끌고 밖으로 나가 이르시되 **하늘을 우러러 뭇별을 셀 수 있나 보라** 또 그에게 이르시되 **네 자손이 이와 같으리라** 아브람이 여호와를 믿으니 여호와께서 이를 그의 의로 여기시고 또 그에게 이르시되 **나는 이 땅을 네게 주어 소유를 삼게 하려고 너를 갈대아인의 우르에서 이끌어 낸 여호와니라** 그가 이르되 주 여호와여 내가 이 땅을 소유로 받을 것을 무엇으로 알리이까 여호와께서 그에게 이르시되 **나를 위하여 삼 년 된 암소와 삼 년 된 암염소와 삼 년 된 숫양과 산비둘기와 집비둘기 새끼를 가져올지니라** 아브람이 그 모든 것을 가져다가 그 중간을 쪼개고 그 쪼갠 것을 마주 대하여 놓고 그 새는 쪼개지 아니하였으며 솔개가 그 사체 위에 내릴 때에는 아브람이 쫓았더라"

창 15:1-11

밤중에 임하신

하나님

하나님이 아브라함에게 나타나서 제일 먼저 하신 말씀은 아브람의 이름을 부르신 것입니다.

> "아브람아 두려워하지 말라 나는 네 방패요 너의 지극히 큰 상급이니라" (창 15:1).

마치 아버지가 자기 자식을 부르는 것 같은 친근한 어조입니다.

"나는 너의 방패요 상급이라"

하나님은 다정하게 아브람을 부르신 후 제일 먼저 "두려워하지 말라"고 이르셨습니다. 하나님은 아브람에게 제일 먼저 필요한 것이 그 두려움에서 벗어나는 것임을 아셨습니다. 어쩌면 당신은 여기서 이런 의문을 가질지도 모릅니다.

"신앙으로 전쟁까지 치른 아브람이 아닙니까? 하나님이 계신데, 대체 왜 두려움에 떨고 있습니까? 하나님을 믿는 믿음이 약해졌기에 두려움에 떨고 있는 것 아닙니까?"

그러나 신앙을 가진 사람에게도 두려움은 있습니다. 신앙을 가진 사람과 신앙을 갖지 않은 사람의 중요한 차이는 두려움이 있느냐 두려움이 없느냐가 아닙니다. 신앙을 가진 사람에게도 두려운 것은 두려운 법입니다. 그 두려움을 어떻게 이겨 내는가 하는 것에서 차이가 날 뿐입니다. 신앙이 없는 사람은 두려움에 떨며 지쳐 가지만, 신앙의 사람은 신앙의 도움을 받아 그 두려운 밤을 불꽃처럼 지나갑니다.

아브람은 두려움에 떨고 있었습니다. 그러나 하나님이 나타나서 그의 떨리는 마음을 위로해 주셨습니다.

"두려워하지 말라."

그리고 이어서 하나님은 아브람이 두려워하지 않아도 될 이유를 말씀해 주십니다.

"나는 네 방패요."

하나님이 그를 지키실 것임을 확인해 주는 말씀입니다.

방패는 전쟁할 때 자기를 보호하기 위해 사용하는 방어용 무기입니다. 칼이나 창의 사용 목적이 공격에 있다면, 방패의 사용 목적은 자신을 보호하는 데 있습니다. 그래서 성경은 하나님의 보호를 의미하는 표현으로 하나님을 '방패'에 비유하곤 합니다.

"이스라엘이여 너는 행복한 사람이로다 여호와의 구원을 너같이 얻은 백성이 누구냐 그는 너를 돕는 방패시요 네 영광의 칼이시로다 네 대적이 네게 복종하리니 네가 그들의 높은 곳을 밟으리로다"(신 33:29).

"하나님의 도는 완전하고 여호와의 말씀은 진실하니 그는 자기에게 피하는 모든 자에게 방패시로다"(삼하 22:31).

"우리 영혼이 여호와를 바람이여 그는 우리의 도움과 방패시로다"(시 33:20).

하나님은 지금 아브람에게 이렇게 말씀하고 계십니다.

"걱정하지 말아라. 만약 네가 두려워하는 자들이 너를 공격한다면, 그들은 방패인 나부터 부숴야 할 것이다. 나 여호와를 당할 자는 없으니 너는 두려워하지 말아라."

그런데 하나님의 위로는 여기서 끝나지 않습니다. 하나님은 마지막으로 아브람에게 상급을 언급하셨습니다.

"나는 너의 지극히 큰 상급이란다."

하나님의 이 짧은 위로의 말씀으로 아브람은 두려움에서 벗어날 수 있었습니다. 성경은 분명하게 아브람의 두려운 밤이 끝났음을 보여 주고 있습니다.

> "아브람이 이르되 주 여호와여 무엇을 내게 주시려 하나이까 나는 자식이 없사오니 나의 상속자는 이 다메섹 사람 엘리에셀이니이다 … 주께서 내게 씨를 주지 아니하셨으니 내 집에서 길린 자가 내 상속자가 될 것이니이다"(창 15:2-3).

이제 아브람의 관심은 적의 공격이 아닙니다. 아브람에게 두려움이 남아 있다면 그는 이렇게 물었을 것입니다.

"어떻게 지켜 주실 건데요? 구체적으로 말씀해 주십시오."

그러나 아브람은 상급 이야기를 듣자마자 후사에 대해 이야기를 꺼냅니다. 사실 그가 가장 받고 싶은 상급은 후사를 이을 아들이었기 때문입니다.

이제 아브람에게 문제가 되는 것은 안전이 아니었습니다. 하나님으로부터 큰 은혜와 복을 받는 것, 그것이 아브람의 관심사가 되었습니다. 이것이 바로 아브람에게 두려움에 떨던 밤이 끝났다는 충분한 증거입니다.

참 신기합니다. 이 두려움이라고 하는 것은 서서히 오랜 시간에 걸쳐서 형성되는 것이 아니라 한순간에 사람의 마음에 밀려오기도 합니다. 일단 사람의 마음이 두려움 속에 갇히게 되면, 정상적인 판단이 어려워지고 자기를 보호하시는 하나님의 능력까지 의심하게 됩니다. 그런데 한순간에 그 두려움을 사라지게 하는 효과적인 무기가 있습니다. 바로 하나님의 말씀입니다.

아브람의 경우를 보십시오. 하나님은 말 탄 군대와 칼 든 무사들을 보내어 아브람을 둘러싸게 한 뒤 두려워하지 말라고 하지 않으십니다. 아브람은 여전히 아브람이었고, 상황 역시 그대로였습니다. 그런데 "아브람아 두려워하지 말거라. 나는 너의 방패이며 너의 지극히 큰 상급이란다"라는 짧은 말씀을 했을 뿐인데 그에게 평화가 찾아왔습니다. 그 말씀 하나 때문에 인생의 깊은 어두움에서 벗어날 수 있었습니다.

그러므로 우리가 하나님께 기대해야 할 가장 큰 은혜는 말씀입니다.

"사랑하는 아들아! 내가 너를 도와주리라!"

우리가 시련 가운데 있을지라도 이 말씀 하나면 충분합니다. 이 말씀만으로도 우리 인생의 모든 어려움과 두려움과 낙심과 절망을 물리칠 수 있기 때문입니다.

그러나 우리는 말씀하시는 하나님을 만나기를 기대하며 하나님께 매달리지 않습니다. 오히려 강한 군대, 풍족한 자원을 쏟아부어 주기시를 기대합니다.

그러나 중요한 것은 하나님의 말씀입니다. 하나님은 사람과 같지 않기 때문에 결코 식언하지 않으십니다. 하나님의 말씀은 눈에 보이는 증거보다 더 큰 힘이 있습니다. 눈에 보이는 증거보다 더 큰 위로와 확신과 평화를 가져옵니다. 그러므로 큰 절망에 빠져 있다면, 하나님의 말씀을 구하십시오. "인생의 두려운 밤을 지나던 아브람에게 말씀하신 것처럼, 저에게도 말씀해 주십시오"라고 기도하십시오.

저 역시 큰 시련을 당한 적이 있습니다. 열린교회를 개척하기 전이었으니 20년도 훨씬 더 된 일입니다. 그때는 정말 하나님밖에는 의지할 곳이 없어서 간절히 기도했습니다. 매일 두세 시간씩 기도했는데, 기도를 마치고 나면 온몸이 땀으로 젖어서 내복과 바지와 티셔츠가 하나가 되어 있었습니다.

그렇게 한 달 가까이 지난 것 같습니다. 어느 날 하나님이 제 마음속에 아주 분명하게 말씀하셨습니다.

"내가 너와 함께하리라. 내가 함께하는 것을 이제부터 보여 주겠노라."

그리고는 형언할 수 없는 평안이 밀려왔습니다. 기도의 응답을 받고 날아갈 것 같은 걸음으로 집에 돌아왔습니다. 그러나 하루가 지나고 이틀이 지나도 아무 일도 일어나지 않았습니다. 엄청난 일이 일어날 것을 기대했는데, 상황은 상황대로 어렵기만 하고 아내는 아내대로 여전히 힘들어 했습니다. 달라진 것이 아무것도 없었습니다.

그런데 변한 것이 하나 있었습니다. 바로 제 안에 강물같이 솟아나는 기쁨이 생긴 것입니다. 제가 어디에 가든지 하나님은 저를 사랑하시고, 제가 어떤 어려움에 처하든지 저를 지키실 것이며, 제게 주신 말씀을 이루실 것이라는 담대한 확신이 들었습니다. 마치 높은 파도가 치는 바다를 쪽배를 타고 가다가 하나님의 응답을 받은 후 쪽배에서 항공모함으로 갈아탄 것 같았습니다. 여전히 파도가 거세게 위협하지만, 이제 저는 흔들리지 않게 되었습니다. 그렇게 삼순구식(三旬九食)의 고생을 하다가 정확하게 6개월 후에 신학교에서 가르치는 자가 되었습니다. 제가 기대조차 하지 못했던 꿈같은 일이 일어난 것입니다.

지금 혹시 아브람처럼 인생의 두려운 밤을 지나고 있습니까? 어떻게 보면 당신의 그 밤은 하나님께서 당신에게 상급을 주기 위해 허락하신 밤인지도 모릅니다. 성경을 보십시오. 인생의 밤을 믿음으로 지난 사람들은 모두 하나님께 상급을 받았습니다. 우리가 살펴보고 있는 이 아브람은 물론 그의 후예 야곱과 요셉, 그리고 다윗과 수많은 신앙의 선배들이 그러했습니다.

터널 끝에서 만나는 햇빛은 유난히 더 눈부십니다. 빛은 언제나 그 빛이지만, 긴 시간을 어두움 속에 있다 나온 사람에게는 특별히 더 밝게 느껴지기 때문입니다. 이제 우리가 그 빛을 만날 때입니다. 인생의 두려운 밤을 끝내고 하나님께서 예비하신 상급을 누릴 때입니다.

혹시 '나는 가망 없어. 신앙은 신앙대로 미끄러졌고, 가정은 가정대로 깨어졌고, 사업은 사업대로 망가졌어. 나에게는 이제 그 어떤 희망도 없어' 하는 생각에 사로잡혀 있습니까? 설사 그렇다 할지라도 하나님의 말씀을 의지하면 희망이 있습니다. 아브람을 보십시오. 목숨을 부지하기 위해 아내까지 팔려고 했던 사람입니다. 그러나 그랬던 아브람도 하나님이 다시 일으켜 세우셔서 믿음으로 살게 하셨습니다.

사람들은 문제를 만났을 때 해결책을 보여 달라고 하나님께 요구합니다. 그러나 하나님은 말씀을 주시고 싶어 하십니다.

인생의 어두운 밤을 지나고 있습니까? 현실적인 문제에 대한 근심을 끊고, 단 열 번만이라도 주일 예배를 예배답게 드려 보십시오. 그리고 그 예배 속에서 아브람에게 말씀을 주신 것처럼 나에게도 말씀해 달라고 눈물로 매달려 보십시오. 이렇게 하나님 앞에 나아간다면, 하나님을 만나지 못할 사람은 아무도 없을 것입니다.

기억하십시오. 하나님이 당신을 만나려고 허락하신 인생의 파도는 당신 자신이 제물이 되어 그 바다에 던져질 때까지 멈추지 않습니다. 요나가 탄 배를 향해 큰 바람을 발사하셨던 하나님께서, 당신의 삶에도 그 바람을 발사하셨기 때문입니다(욘 1:4).

약속을 보증하시는 하나님

아무 희망도 없는 캄캄한 인생의 밤을 지나던 아브람을 살려 낸 것은 하나님의 말씀이었습니다. 하나님이 말씀하시자 그의 마음에 평화가 찾아왔습니다. 아브람은 여호와 하나님을 진심으로 신뢰했기에, 하나님이 말씀하신 모든 것이 이루어질 줄 믿었습니다. 그리고 하나님은 아브람의 그 믿음을 의로 여기셨습니다.

> "아브람이 여호와를 믿으니 여호와께서 이를 그의 의로 여기시고"
> (창 15:6).

이어서 우리는 가나안 땅을 주실 것을 다시 한 번 약속해 주시는 하나님과 그 약속의 보증을 요구하는 아브람의 대화를 보게 됩니다.

> "또 그에게 이르시되 나는 이 땅을 네게 주어 소유를 삼게 하려고 너를 갈대아인의 우르에서 이끌어 낸 여호와니라 그가 이르되 주 여호와여 내가 이 땅을 소유로 받을 것을 무엇으로 알리이까"(창 15:7-8).

어찌 보면 당돌하다 할 수도 있는 요구입니다. 그러나 하나님은 그 요구에 응답하사, 증표를 보여 주셨습니다.

여기서 하나님께서 보여 주신 증표를 이해하기 위해서는 고대 근동의 언약 체결 의식에 대해 알아야 합니다. 모세오경이 기록된 주전 15세기경 중근동 지방에는 종주권조약(宗主權條約)이라는 것이 있었습니다. 한 나라의 왕(suzerain)과 그에 의하여 책봉된 봉신(vassal) 사이에 체결된 언약을 말합니다. 당시 넓은 땅을 가지고 있는 왕은 봉신(封臣)을 세워 땅을 떼어 주며 다스리게 했습니다. 그때 왕은 봉신에게 "그 지역은 나를 대신하여 네가 잘 다스려라. 네가 사실상 그 지역의 왕이다. 그러나 너는 네 위에 내가 있다는 것을 잊지 말아라. 내 땅을 너에게 잠시 맡기는 것이니, 나의 명령에 절대 복종하며 나와 생사를 함께하라"고 명령한 뒤 이를 지키겠다는 약속을 받습니다. 그리고 그 약속을 보증하기 위해 짐승을 머리부터 꼬리까지 반으로 쪼개어 벌려 놓고 피가 낭자하게 흐르는 사이를 왕과 봉신이 함께 지나갑니다. 이 의식은 만일 누구든지 약속을 어기면 이 짐승같이 죽임을 당할 것이라는 맹세의 의미를 담고 있는데, 많은 사람이 지켜보는 가운데 행해졌습니다. 지켜본 수많은 사람을 그 약속의 증인으로 삼기 위해서입니다.

고대 근동에는 이러한 풍습이 있었고, 이것은 아브람에게도 익숙한 것이었습니다. 그래서 하나님은 이 방법으로 아브람에게 당신의 약속을 보증해 주셨습니다.

> "해가 저서 어두울 때에 연기 나는 화로가 보이며 타는 횃불이 쪼갠 고기 사이로 지나더라"(창 15:17).

그런데 사실 이것은 하나님의 지존하심과 엄위하심에 어울리지 않는 일입니다. 쪼갠 고기 사이로 지나가는 것은 "내가 약속을 지키지 않으면, 나는 이 쪼개진 고기처럼 죽으리라"는 의미입니다. 이것이 말이 되는 이야기입니까?

그러나 하나님은 아브람의 수준에서 당신의 약속을 보증해 주셨습니다. 이보다 더 실감 날 수 없는 방식으로 아브람의 마음속에 하나님의 약속이 성취될 것이라는 믿음을 아로새겨 주신 것입니다. 하나님이 이렇게 하신 것은 아브람을 사랑하셨기 때문입니다.

그를 향한 사랑의 표시로 하나님은 그가 이해할 수 있는 방식으로 깊은 확신을 주셨습니다. 그러므로 이것은 밤중에 임하신 하나님으로부터 아브라함이 받은 말할 수 없이 놀라운 은혜라고 할 수 있습니다.

되새기기

인생의 두려운 밤은 누구에게나 찾아옵니다. 이 세상은 원래 죄와 어두움이 가득한 곳이기에, 정도의 차이만 있을 뿐 누구에게나 인생길은 힘들고 두렵습니다.

그러나 우리는 이 세상에 살고 있지만, 하늘 자원을 누리며 사는 하나님의 자녀입니다. 절망은 어떤 것이든 하나님께로부터 오는 것이 아닙니다. 그렇게 느끼는 것은 마귀의 속삭임입니다. 절망의 끝은 하나님을 원망하고 죽는 것뿐입니다. 그것이 절망이 우리를 이끌어 가고자 하는 종착역입니다.

그러므로 우리는 인생의 두려운 밤을 만날지라도 절망하지 않고 하나님을 바라보아야 합니다. 그 밤이 하나님이 우리를 새롭게 만나 주기 위해 보내신 밤이라는 사실을 잊지 말아야 합니다. 아브람을 보십시오. 그는 무섭고 두려운 인생의 밤을 지나며 영광스러운 하나님과의 만남을 경험했습니다. 쪼갠 고기 사이로 불길처럼 지나가시는 하나님을 뵈었을 때, 아브람은 얼마나 감격스러웠을까요?

우리의 하나님은 신실하신 하나님입니다. 하나님은 결코 당신을 버리지 않으시며, 어떤 위험 속에서라도 당신을 지켜 주십니다.

하나님으로부터 확고한 보증을 받고 새로운 신앙의 출발을 하게 된 아브람처럼, 당신도 하나님으로 말미암아 두려움을 이기고 방패와 상급을 누리게 되기를 바랍니다.

별빛도 사라진
영혼의 밤바다에서

정말 괴로운 인생의 밤은
궁핍에 처하거나, 배신을 당하거나, 두려움에 사로잡힐 때가 아닙니다.
환난이 많고 고난이 극심해도 하나님이 함께하며 위로해 주신다면
오히려 가장 은혜가 많고 희망이 넘치는 순간입니다.
정말 괴로운 인생의 밤은 하나님조차 버려두실 때입니다.
그러나 그때에도 우리는 절망해서는 안 됩니다.
"절망적이야!"라는 말은 마귀의 속삭임입니다.

하나님은 결코 우리를 버리시지 않는 분임을 기억하십시오.
잠시 우리를 침체 가운데 내버려두시는 것도,
사실은 그 고통스러운 침체의 시간을 발판 삼아 하나님을 찾게 하시려는
애끓는 부르심입니다.

이야기의 배경은
이러하였으니

　창세기 17장 1-8절은 하나님이 아브람에게 나타나 아브라함이라는 새로운 이름을 주시는 장면을 기록하고 있습니다. 이 만남은 아브람에게 있어 새로운 이름과 자손에 대한 확약을 받는 기쁨 이상의 감격으로 다가왔을 것이 분명합니다. 이것은 무려 13년 만에 하나님께서 아브람에게 나타나신 것이기 때문입니다.

　창세기 15장이 하나님을 의지하여 현실적인 어려움을 극복하는 모습을 그리고 있다면, 창세기 16장은 인간의 방법으로 현실적인 문제를 타개해 보려는 아브람의 어리석은 시도를 그리고 있습니다. 그래서 15장에서는 무시로 나타나 위로하고 확신을 주시는 하나님을 만날 수 있다면, 16장에서는 악하고 어리석은 인간을 오래 참으시는 하나님을 만나게 됩니다.

16장에서 아브람은 사래의 말을 따라 여종 하갈을 통해 아들을 얻습니다. 그러나 이것은 하나님이 원하시는 일이 아니었습니다. 여종을 통해서라도 아이를 얻으면 더 행복해질 줄 알고 벌인 일이었으나, 여종 하갈이 아이를 갖자 오히려 집안에 분란이 일어났습니다. 이것이 바로 인간적인 방법의 한계입니다. 사람의 꾀와 판단으로는 참된 평화와 복락에 이를 수 없는 것입니다.

어쨌든 아브람은 여종의 몸에서 아들 이스마엘을 얻게 되었고, 그 때 그의 나이 86세였습니다. 그리고 등장하는 구절이 본문의 말씀입니다.

> "아브람이 구십구 세 때에 여호와께서 아브람에게 나타나서 그에게 이르시되"(창 17:1).

이제 아브람의 나이가 99세이니 창세기 16장과 17장 사이에 무려 13년의 시간이 흘렀습니다. 성경이 그 시간들에 대해 침묵하고 있는 것은, 그 세월 동안 특별한 일이 없었기 때문입니다. 하나님과의 친밀한 만남도, 따뜻한 위로도 13년 동안 모두 그쳤습니다.

앞 장에서 우리는 두려움과 절망으로 가득 찬 인생의 어두운 밤에 대해 이야기했습니다. 그러나 진정한 밤은 고난과 시련이 찾아올 때가 아닙니다. 환난이 많고 고난이 극심해도, 하나님이 수시로 나타나 말씀해 주시고 그 고난의 의미를 깨닫게 해주신다면 그것은 진정한 밤이 아닙니다. 오히려 가장 은혜가 많고 희망이 넘치는 순간입니다.

정말로 괴로운 인생의 밤은 하나님조차 버려두실 때입니다. 그리스도인이라면 누구나 이런 경험을 해 보았을 것입니다. 사람들이 나를 불쌍하고 가련하게 보는데, 정작 나는 아무렇지도 않고 오히려 그 어느 때보다 씩씩합니다. 하나님이 나와 함께하심을 경험하고 있기 때문입니다. 시련과 아픔이 우리의 마음을 상하게 하는 것은 사실이지만, 하나님이 주시는 은혜는 그 괴로움을 능가합니다. 그래서 오히려 찬송을 부르며 기쁘게 살아갑니다.

반대로, 사업도 잘되고 가정에 우환도 없으며 오히려 사람들로부터 부럽다는 말을 듣는데, 정작 마음은 그 어느 때보다 곤고할 때가 있습니다. 기도를 해도 벽이 느껴지고, 사람들과 어울려도 고독하기만 합니다. 말씀을 들어도 달콤하지 않고, 하나님을 생각해도 기쁘지 않습니다.

정말 괴로운 인생의 밤은 사실 후자입니다. 외적인 형통함만 보고 사람들은 부러워하지만, 거기가 바로 별빛조차 사라진 영혼의 어두운 바다입니다.

그런데 아브람에게 바로 그런 인생의 어두운 밤이 찾아왔습니다. 순간순간 살아서 역사하시며 한 걸음 한 걸음 이끄시던 하나님께서 13년 동안이나 아브람을 버려두셨습니다.

아마도 아브람은 성경이 기록할 의미가 없다고 판단한 그 13년 동안, 별빛조차 사라진 밤바다를 홀로 표류하는 것과 같은 막막함과 괴로움 속에서 보냈을 것입니다. 하나님이 만나 주시지 않을 때 찾아오는 영혼의 깊은 밤을 경험하며, 그는 '이것이 정말 인생의 밤이구나' 생각했을 것입니다.

"**아브람이 구십구 세 때에** 여호와께서 아브람에게 나타나서 그에게 이르시되 나는 전능한 하나님이라 너는 내 앞에서 행하여 완전하라 내가 내 언약을 나와 너 사이에 두어 너를 크게 번성하게 하리라 하시니 아브람이 엎드렸더니 하나님이 또 그에게 말씀하여 이르시되 보라 내 언약이 너와 함께 있으니 너는 여러 민족의 아버지가 될지라 이제 후로는 네 이름을 아브람이라 하지 아니하고 아브라함이라 하리니 이는 내가 너를 여러 민족의 아버지가 되게 함이니라 내가 너로 심히 번성하게 하리니 내가 네게서 민족들이 나게 하며 왕들이 네게로부터 나오리라 내가 내 언약을 나와 너 및 네 대대 후손 사이에 세워서 영원한 언약을 삼고 너와 네 후손의 하나님이 되리라 내가 너와 네 후손에게 네가 거류하는 이 땅 곧 가나안 온 땅을 주어 영원한 기업이 되게 하고 나는 그들의 하나님이 되리라"

창 17:1-8

하나님은 왜
침묵하시는가?

아브라함이 누구입니까? 창세기의 대부분이 그의 이야기를 기록하고 있습니다. 이것은 하나님께서 아브라함과 만나기를 기뻐하셨다는 의미입니다. 실제로 하나님은 수시로 그를 찾아오셨고, 분에 넘치는 언약과 함께 그를 이끄셨고, 사랑과 자비를 보이며 그와 교제를 이어 가셨습니다. 그런데 그랬던 하나님이 13년 동안이나 침묵하셨습니다.

하나님의 이 침묵이 아브람을 얼마나 괴롭게 했을지 생각해 보십시오. 옛날, 관측기계는 물론 나침반조차 없던 시절에는 밤하늘의 별을 보며 항해를 했다고 합니다. 그믐날 캄캄한 밤바다를 별빛 하나 의지하여 항해하고 있다고 가정해 봅시다. 망망대해에 당신이 탄 배 한 척만 떠 있습니다. 그런데 하늘에 구름이 짙게 끼기 시작하면서 별빛조차 보이지 않게 됩니다. 설상가상으로 바람이 불며 파도도 거세집니다. 칠흑 같은 어두움 속에서 한편으로는 파도와 싸우고 한편으로는 항로를 찾으며, 얼마나 불안하겠습니까?

아브람은 무려 13년간을 그러한 처지에 놓여 있었습니다. 그러면 대체 하나님은 왜 아브람에게 이렇게 오랫동안 침묵하셨을까요?

불신앙으로 낳은 아들, 이스마엘

하나님이 가혹하리만치 긴 세월 동안 아브람을 홀로 영혼의 밤바다 속을 항해하도록 버려두신 이유는 그가 불신앙으로 아들을 낳았기 때문입니다.

하나님은 창세기 12장에서부터 15장까지, 세 번 네 번 거듭해서 "내가 네 자손을 하늘의 별과 같이 땅의 모래와 같이 많게 해 줄 것이다"라고 약속해 주셨습니다. 심지어 15장에서는 직접 쪼갠 제물 사이를 지나가며 확신시켜 주셨습니다. 이것은 '만약 이 약속을 어기면 이 짐승처럼 죽어도 좋다'라는 상상할 수 없는 보증의 의미가 내포된 행동이었습니다. 하나님은 아브람에게 주신 약속을 보증하기 위해, 어쩌면 당신에게 모욕적일 수 있는 언약 체결 의식을 빌어 말씀하기를 마다하지 않으셨습니다.

그런데 아브람은 그러한 확실한 약속의 보증을 받았음에도 불구하고, 하나님의 약속이 성취될 것에 대해 회의를 품었습니다.

그래서 하나님의 거룩한 약속을 인간의 추악한 방법으로 이루려 했습니다. 성경은 사래가 남편 아브람에게 하갈을 첩으로 준 때가 가나안 땅에 거주한 지 10년 후의 일이라고 말합니다(창 16:3). 이것을 감안하면, 하나님께서 타는 횃불이 쪼갠 고기 사이를 지나는 감격적인 장면을 보여 주며 약속을 보증하신 후 그리 많은 세월이 흐르지 않았음을 알 수 있습니다. 그러나 아브람은 하나님께서 주신 확신을 굳건하게 붙들지 못하고, 회의와 의심으로 미끄러져 내려갔습니다.

그리고 일단 믿음이 흔들리기 시작하자, 세상의 풍습이 지혜로운 방법인 것처럼 여겨졌습니다. 함무라비 법전(Code of Hammurabi) 등 아브람의 고향이던 메소포타미아 지역에서 발굴된 고고학 자료에 의하면, 아브람의 시대에는 여종을 남편에게 주는 것이 법으로 허락되었던 것으로 보입니다. 아내 된 자가 자녀를 낳지 못하는 경우 여종을 남편에게 주어 자녀를 얻어 자기의 자녀로 삼는 것이 사회적으로 용인되었던 것입니다.

그러나 세상의 풍습이 아무리 그렇더라도, 사래가 아무리 간절하게 하갈을 첩으로 삼아서라도 아들을 낳자고 애원했더라도, 아브람은 그 말을 따르지 않았어야 합니다. 그에게는 하나님께 받은 약속이 있었기 때문입니다. 그러나 아브람은 그렇게 하지 못했습니다. 이미 그의 마음에도 불신앙이 자라고 있었기 때문입니다.

약속을 바라보며 오래 참고 견디는 것은 쉬운 일이 아닙니다.

아브람뿐 아니라 그의 손자 야곱 역시 이 일에 실패하여 오랜 기간을 고생하며 유리했습니다. 야곱은 "큰 자가 어린 자를 섬기리라"(창 25:23)는 약속의 말씀을 받고 태어났습니다. 야곱은 하나님께서 그때를 허락하시기까지 믿음으로 오래 참고 견뎌야 했습니다. 하지만 그는 참지 못하고, 인간적 속임수로 장자의 축복을 빼앗아 그 언약을 이루려 했습니다.

많은 사람이 하나님께서 정하신 때가 이르기까지 인내하며 기다리는 일에 실패합니다. 하나님의 거룩한 약속은 하나님의 거룩한 방법으로만 이루어져야 하는데, 인간의 방법으로 그것을 도모하려다가 스스로 화(禍)를 초래하는 것입니다. 아브람이 하갈을 첩으로 들인 결과 역시 비참했습니다. 이스마엘이 태어났을 때 아브람은 잠시나마 행복했을 것입니다. 비록 첩에게서 태어났으나, 자신의 소생이기 때문입니다. 그러나 그렇게 얻은 기쁨은 오래가지 못했습니다. 우선 가정의 평화가 깨어졌습니다. 사래와 하갈 사이에 끊임없이 반목이 생겼고, 그 결과 아들 이스마엘을 내쫓는 가슴 아픈 일을 겪어야 했습니다. 또한 이스마엘의 후손과 이삭의 후손 사이에 늘 전쟁이 있게 되었는데, 이 비극은 오늘날까지 이어지고 있습니다.

이처럼 아브람이 하갈을 통해 아들을 낳은 것은 명백하게 그의 실수이고, 잘못이었습니다. 왜냐하면 이 일은 하나님께서 아브람에게 세워 준 언약에 대한 전면적인 의심이요 도전이었고, 하나님을 매우 가슴 아프게 하는 사건이었기 때문입니다.

보암직도 한 불신앙을 선택한 결과

어쩌면 사래가 아니었다면, 아브람은 이렇게 불신앙을 행동으로 옮기는 일까지는 범하지 않았을지도 모릅니다. 그저 마음으로 의심을 품는 것으로 그쳤을지도 모릅니다. 그러나 그렇다고 아브람이 이 일에 대해 아내의 불신앙을 핑계 댈 수는 없습니다.

하나님은 아브람을 그 가정의 가장으로 부르셨고, 그에게 왕과 선지자와 제사장에 맞먹는 놀라운 영적인 특권을 주셨기 때문입니다. 그러므로 아브람은 사래가 아무리 불신앙에 사로잡혀 "여보! 우리 더 늦기 전에 첩을 통해서라도 후손을 봅시다"라고 애원해도 "그것은 세상의 정신이요, 이 땅 가나안의 풍습이지, 하나님께 부름 받은 우리 언약 백성의 도리가 아니오. 우리는 하나님의 능력을 믿고 기다려야 하오"라고 설득했어야 합니다. 그러나 아브람은 불신앙에 치우친 사래의 충고를 받아들였고, 이에 돌이킬 수 없는 커다란 불순종을 하나님 앞에서 저지르게 되었습니다.

아브람이 이 죄로 인해 13년간이나 하나님과의 만남이 끊어지는 대가를 치렀다면, 사래는 또 다른 측면에서 자신의 불신앙에 대한 대가를 치러야 했습니다. 한때는 자신의 여종이던 하갈로부터 멸시를 당한 것입니다. 그리고 그 분노는 고스란히 아브람에게로 돌아왔습니다.

"사래가 아브람에게 이르되 내가 받는 모욕은 당신이 받아야 옳도다 내가 나의 여종을 당신의 품에 두었거늘 그가 자기의 임신함을 알고 나를 멸시하니 당신과 나 사이에 여호와께서 판단하시기를 원하노라"(창 16:5).

사실 사래의 말에 쉽게 동의할 수는 없습니다. 아브람이 하갈을 사랑했습니까? 아브람이 어떻게든 아들을 얻고 싶다고 사래를 설득했습니까? 아브람은 아내의 강요에 못 이겨 교회에 나오는 남편들처럼, 가정의 평화를 깨고 싶지 않아 아내의 말을 따르는 무던한 사람이었습니다. 머리를 굴린 것은 아내인 사래였지 아브람이 아니었습니다. 아브람은 그저 사래의 말을 들었을 뿐입니다. 그런데 사래는 모든 책임을 아브람에게 돌렸습니다.

오늘날 대부분의 그리스도인 가정에서 남편보다 아내가 신앙적으로 우위에 있는 경우가 많은 것이 현실입니다. 그러나 아내의 불신앙으로 고통받고 있는 남편 역시 적지 않습니다. 아내의 불신앙이 남편을 괴롭게 하는 것은 두 가지 경우로 나뉩니다.

첫째, 말 그대로 아내에게 신앙이 없어 남편의 신앙생활을 핍박하는 것입니다.

둘째, 바르지 않은 신앙으로 오히려 남편의 신앙이 자라는 것을 방해하는 것입니다. 우리의 신앙은 한번 깊은 은혜에 잠겨 보았다고 해서 완성되는 것이 아닙니다. 매일매일 하나님의 손에 붙잡혀 있어야만 하나님의 자녀답게 살아갈 수 있지, 과거의 화려한 이

력으로 신앙이 보증되는 것이 아닙니다. 그런데 많은 아내들이 이 사실을 망각하고, 자신이 신앙에서 미끄러져 가난한 마음을 잃은 것은 생각하지 않고 남편의 신앙만 닦달합니다.

어느 목사님한테서 들은 이야기입니다. 남편의 구원을 위해 간절히 기도하는 자매가 있었는데, 어느 날부터인가 무엇인가를 소중하게 품고 새벽기도에 나오더랍니다. 그래서 이상하게 여겨 다가가 보았더니, 이렇게 기도하고 있더랍니다.

"하나님, 먼저 신발만 왔습니다. 이 신발 주인도 올 수 있게 해주세요."

얼마나 간절했으면 남편 신발을 들고 교회에 나왔을까요?

믿지 않는 남편을 둔 아내들은 은혜를 받고 나면 가장 먼저 남편의 구원을 위해 기도합니다. 하나님을 사랑하면 할수록, 아직 하나님의 사랑을 경험하지 못한 남편에 대한 안타까움이 못처럼 가슴에 박히기 때문입니다.

그때 아내의 소원은 단순합니다. 온 식구가 손잡고 함께 교회에 나오는 것입니다. 그러면 가난해도 행복할 것 같습니다. 그런데 막상 그 소원이 이뤄지면 달라지기 시작합니다. 남편이 탁월하지는 않지만 신앙생활을 시작하고, 아이들도 주일학교에 나가며 착실하게 교회에 출석하기 시작하면 오히려 신앙에서 미끄러집니다. 왜 내 남편은 아무개 장로님처럼 청산유수로 기도하지 못하나, 왜 아무개 집사님처럼 회사에서 인정받으며 승승장구하지 못

하나, 아무개 집사님은 매일 가정예배를 은혜롭게 인도한다는데 왜 내 남편은 집에만 오면 TV부터 켜는가, 자꾸 불평이 새어 나옵니다. 자녀에 대해서도 마찬가지입니다. 회심한 후 공부를 열심히 하게 된 어느 집 자녀와 시계추처럼 교회만 왔다갔다 하는 내 자녀를 비교하며 한숨을 쉽니다.

그런 중에도 지금까지 그런 것처럼 관성에 따라 집안의 신앙을 이끌어 가지만, 이미 마음의 겸비함이 사라지고 신앙이 미끄러진 후라 역효과만 날 뿐입니다. 아내의 간섭이 남편의 신앙에 전혀 도움이 되지 않고, 엄마의 잔소리가 자녀의 신앙이 자라는 데 오히려 방해가 될 뿐입니다.

실제로 저는 목양의 현장에서 아내가 오히려 남편의 신앙 성장에 발목을 잡는 모습을 여러 번 보았습니다. 전도라기보다는 아부 수준으로 애원을 해서 남편을 교회에 데리고 나왔는데, 몇 달 지나지 않아 남편의 모습이 보이지 않습니다. 알고 보면 부부싸움을 크게 한 것입니다. 남편의 구원을 위해 기도할 때는 남편이 조금 부족해 보여도 이해할 수 있었습니다. 남편에게는 하나님의 은혜가 없어서 그렇다고 생각하면 다 양보하고 품을 수 있었습니다. 그런데 남편이 교회에 나오고 제법 은혜를 받으며 신앙생활도 하기 시작하니까, 오히려 그동안 양보하고 참았던 설움까지 다 보상받고 싶어집니다. 그래서 불만을 터트리고, 잔소리하고, 원망을 퍼붓습니다. 힘들게 하나님 앞으로 끌고 온 신랑을 스스로 끌어내리는 것입니다.

사래가 아브람에게 하갈을 첩으로 취해 아이를 낳으라고 한 것도 이와 다르지 않습니다. 불신앙으로 남편을 넘어지게 한 점에서 같습니다. 그러므로 신앙을 가진 아내들은 초심으로 돌아가기를 힘써야 합니다. 처음 그 마음, 남편이 예수를 믿기만 하면 무엇이든지 다 양보하고 희생하겠다고 생각하던 그 초심으로 돌아가기를 힘쓰십시오. 그리고 지금 누리고 있는 것들을 하나님께 감사하십시오. 지금도 핍박을 받으면서 교회 다니는 아내들이 있습니다. 남편의 신발을 품고 새벽기도에 나오는 아내들이 있습니다. 남편과 함께 주일예배를 드릴 수 있다면, 곧 죽어도 여한이 없다고 생각하는 아내들이 있습니다. 그러므로 남편이 신앙을 갖고 있다면, 불신앙으로 남편을 넘어뜨리지 않도록 더 주의하며 처신해야 합니다. 아내는 헌신과 기도와 감사로 남편을 돕는 사람이기 때문입니다.

그런데 성경 본문이 겨냥하고 있는 것은 사실 남편입니다. 아마도 어떤 어리석은 남편들은 지금까지의 논의를 보며 '아, 그렇군요! 이제야 신앙의 비밀을 깨달았습니다. 제 신앙이 이 모양인 것은 모두 아내 때문이군요'라고 생각할지도 모릅니다. 그렇다면 그는 아내를 팔았던 아브람만도 못한 남자입니다.

창세기 기사를 보십시오. 하나님이 처음 만든 여자 하와가 있습니다. 하와가 처음 하나님께 이끌려 나올 때 그 모습이 얼마나 아름다웠는지 아담은 이렇게 고백했습니다.

> "이는 내 뼈 중의 뼈요 살 중의 살이라"(창 2:23).

그런데 잠시 후, 그는 그 여자로 인해 하나님께 끔찍한 불순종을 저지르게 됩니다. 사실 이 사건의 주범은 하와였습니다. 하와가 먼저 선악과를 따서 먹었고, 남편에게까지 그것을 주었습니다. 엄밀하게 말해 아담은 종범(從犯)에 지나지 않았던 것입니다. 그러나 하나님은 그 책임을 아담에게 물으셨습니다. 범죄 이후 하나님이 찾으신 사람은 아담이었습니다.

> "여호와 하나님이 아담을 부르시며 그에게 이르시되 네가 어디 있느냐"
> (창 3:9).

아담이 바로 하나님이 인간과 더불어 맺은 언약의 당사자였기 때문입니다. 결국 아담은 언약의 머리로서 하나님 앞에 불려 나가 심판을 받았습니다. 그러므로 남편들은 기억해야 합니다. 하나님은 남편을 아내의 머리로 세우셨습니다. 아내의 충고를 따랐거나, 가정의 평화를 위해 아내의 주장에 동조한 것이라 할지라도, 하나님은 남편에게 그 모든 일에 일차적인 책임을 물으실 것입니다.

따라서 아내의 신앙이 식었다면, 남편이 더 긴장하여 신앙과 일의 올바른 이치를 깨닫고자 애써야 합니다. "아내 때문에, 아내를 위해서…"라는 말은 핑계가 되지 않습니다.

결국 이스마엘을 낳은 일로 가장 고통받은 사람은 아브람 자신이었습니다. 아내의 불신앙으로 말미암아 시작된 일이지만, 그 충고를 따른 것은 분명 아브람이었습니다. 이로 말미암아 하나님은 13년의 세월을 침묵하셨고, 이것은 하나님이 아브람을 향해 불쾌감을 드러낸 최고의 표현이었습니다.

13년이라는 긴 세월 동안 아브람은 하나님과의 평화를 누리지 못했습니다. 더불어 가정의 평화도 잃었습니다. 하갈은 이스마엘이 뱃속에 있었을 때부터 교만했습니다. 그러니 그 아이가 하루하루 장성해 가는 모습을 보며, 사래에게 고분고분 복종했을 리 없습니다. 이 문제는 이삭이 태어난 후에까지 이어져, 결국 이스마엘과 하갈은 아브람의 집에서 쫓겨나게 됩니다. 비록 첩의 몸에서 낳은 아들이지만, 십수 년을 고이 길러 정이 든 귀한 아들입니다. 그 자식을 떠나보내는 아비의 심정이 어땠을지, 한번 생각해 보십시오.

지금 우리가 행하는 불순종은 당장은 대수롭지 않은 문제로 보일 수 있습니다. 그러나 세월이 흐르고 나면, 그것이 우리가 생각지도 못한 문제들을 일으켜 우리 삶의 질서를 흩뜨려 놓는 것을 발견하게 됩니다. 그러므로 우리는 하나님께 순종하기를 힘써야 합니다. 당장 좋다고 불신앙을 선택해서는 안 됩니다.

"아브람이 구십구 세 때에 **여호와께서 아브람에게 나타나서 그에게 이르시되 나는 전능한 하나님이라 너는 내 앞에서 행하여 완전하라 내가 내 언약을 나와 너 사이에 두어 너를 크게 번성하게 하리라** 하시니 아브람이 엎드렸더니 하나님이 또 그에게 말씀하여 이르시되 보라 내 언약이 너와 함께 있으니 너는 여러 민족의 아버지가 될지라 이제 후로는 네 이름을 아브람이라 하지 아니하고 아브라함이라 하리니 이는 내가 너를 여러 민족의 아버지가 되게 함이니라 내가 너로 심히 번성하게 하리니 내가 네게서 민족들이 나게 하며 왕들이 네게로부터 나오리라 내가 내 언약을 나와 너 및 네 대대 후손 사이에 세워서 영원한 언약을 삼고 너와 네 후손의 하나님이 되리라 내가 너와 네 후손에게 네가 거류하는 이 땅 곧 가나안 온 땅을 주어 영원한 기업이 되게 하고 나는 그들의 하나님이 되리라"

창 17:1-8

하나님은
하나님의 때에 말씀하신다

그러나 하나님은 아브람을 영원히 버리지는 않으셨습니다.

13년의 세월이 흐른 후 아브람이 99세가 되었을 때, 하나님은 아브람에게 나타나셨습니다. 성경은 이 13년의 세월에 대해 침묵하고 있으므로 자세한 정황은 알 수 없지만 바로 그때가 아브람이 하나님을 만날 준비가 된 때였기 때문에 하나님이 만나 주셨을 것이라는 사실은 분명합니다. 하나님이 정하신 때가 되었고, 아브람에게도 그때에 합당한 준비가 되어 있었습니다.

아마도 아브람은 하나님의 그 어떤 책망도 달게 받을 각오가 되어 있었을 것입니다. 그러나 하나님은 놀랍게도 아브람에게 나타나 단 한마디의 책망도 하지 않으셨습니다. 대신 하나님은 가르침을 주십니다.

"나는 전능한 하나님이다"

하나님이 아브람에게 가르쳐 주신 것은, 첫째로 하나님은 전능하시다는 사실이었습니다. 이것은 직접적인 책망보다 더 날카로운 가책을 아브람의 마음에 주었을 것입니다. 아브람이 하갈에게서 이스마엘을 낳은 것은 결국 하나님의 전능하심을 믿지 못한 데서 나온 불신앙의 결과였기 때문입니다.

'하나님은 전능하시다'라는 사실에 대한 믿음은 매우 중요합니다. 다양한 삶의 사태에 앞에서 우리의 모든 비굴함은 용기를 상실한 데서 나옵니다. 우리가 신앙으로써 정직해질 수 있는 용기가 없을 때, 거짓으로 상황을 모면해 보려는 비겁함이 나옵니다. 핍박에 맞설 수 있는 용기를 잃어버렸을 때, 비루하게 타협하면서 신앙의 정절을 더럽히게 됩니다. 그런데 그 용기라는 것이 사실은 하나님의 전능하신 능력에 대한 확신입니다. 하나님이 기뻐하시는 일이라면 반드시 이루어질 것이라는 믿음, 아무리 이루어지기 어려운 일이라 할지라도 하나님은 충분히 그 일을 이루실 것이라는 굳은 확신, 이것이 바로 그리스도인의 용기의 근거인 것입니다.

하나님의 능력에 대한 믿음은 하나님의 상급과 형벌에 대한 확신을 낳습니다. 요셉을 생각해 보십시오. 그는 보디발의 집에서 보디발의 아내로부터 유혹을 받았습니다. 보디발의 아내는 여자이기 이전에 권력을 지닌 존재였습니다. 그녀와 결탁한다면 많은 이익을 얻을 수 있었을 것입니다. 더구나 그녀는 요셉에게 누명을 씌운 것에서도 알 수 있듯이 성정이 좋지 못한 사람이었습니다. 그 집안의 가정총무를 맡고 있던 요셉이 그러한 여주인의 성정을 몰랐을 리 없습니다. 그녀의 요구를 들어 주지 않으면 악랄한 보복이 따르리라는 것을 요셉도 예상했을 것입니다. 그러나 요셉은 다가올 그 어떤 고난보다 하나님을 더 두려워했습니다.

"내가 어찌 이 큰 악을 행하여 하나님께 죄를 지으리이까"(창 39:9).

보디발의 아내는 그 자리에 자신과 요셉밖에 없다고 생각했으나, 요셉은 그 자리에 하나님이 함께 계시다고 믿었습니다. 이것이 바로 신앙입니다. 하나님은 모든 것을 아시고, 원하는 모든 일을 이루실 수 있는 위대한 분입니다. 이 믿음을 잃으면 기독교 신앙 전체가 뿌리부터 흔들립니다. 하나님을 의지하여 사는 삶 대신 인간의 잔재주로 살아가는 삶이 시작되는 것입니다. 인생을 잔재주로 사는 사람은 당장은 앞서가는 것처럼 보일지 몰라도, 마지막에는 비참한 귀결에 이르고 맙니다. 우리의 생사화복(生死禍福)

을 주관하시는 분은 하나님이시기 때문입니다. 기억하십시오. 악인의 형통함은 짧습니다. 마치 의인의 고난처럼 잠시 있다 지나갈 뿐입니다.

만약 지금 내가 걸어가는 길이 하나님이 기뻐하시는 길이라면, 그리고 하나님이 옳다고 인정하시는 길이라면, 당장은 어리석어 보이고 손해가 나는 것처럼 보여도 흔들리지 않고 그 길을 걸어가야 합니다. 하나님은 결코 나를 부끄럽게 하지 않을 것이라는 신앙, 이것이 바로 언약 백성들이 세상에서 잃지 말아야 할 거룩한 자존심입니다.

그런데 아브람은 그 자존심을 버렸습니다. 하나님께 많은 은혜를 받고, 언약의 표징까지 받았으나 하나님이 말씀하신 바를 이루어 주실 것이라는 믿음을 버렸습니다. 전능하신 하나님에 대한 신뢰에서 미끄러진 것입니다.

한번 믿은 것이 영원히 자신의 믿음이라고 생각하십니까? 그것은 착각입니다.

이제는 세월이 많이 흘렀기에, 마음의 큰 아픔 없이 이 이야기를 할 수 있습니다. 벌써 10년도 더 된 이야기입니다. 예배 공간이 부족하여 방배동에서 평촌까지 이사를 왔는데, 이사 온 지 2년 만에 본당이 가득 차게 되었습니다. 교인들이 계속 늘어나서 2층, 3층에 예배드릴 공간을 확충해야 하는데, 그러면 주일학교 아이들이 예배드릴 공간이 없어집니다. 그래서 고민하며 기도하고 있는데, 우연찮게 교육관으로 쓸 만한 빌딩이 매물로 나왔다는 소식이 들렸습니다. 기도해 보니, 틀림없는 하나님의 응답이라는 판단이 들었습니다. 새벽 5시에 그 빌딩을 사기로 뜻을 굳히고, 감격스럽게 하나님께 감사기도를 올렸습니다. 그리고 그날 바로 제직회를 하고 그 다음날 저녁에 계약금 3억 원을 주고 계약을 했습니다. 하나님이 역사하신다고 생각하지 않을 수 없을 정도로 모든 일이 일사천리로 진행되었습니다.

그런데 계약을 하자마자, 정부가 부동산 대출 규제 발표를 했습니다. 빌딩의 잔금을 치러야 할 날짜는 하루하루 다가오는데 돈은 마련되지 않고, 정말 순간순간 마음이 타 들어가는 것 같았습니다. 당시 저는 교회 건물 3층 사택에 살고 있었는데, 창문을 열면 그 빌딩이 가장 먼저 눈에 들어왔습니다. 매일 밤 창틀에 매달려 간절히 기도했습니다. 처음에는 "하나님이 주셨으니, 하나님이 하실 것을 믿습니다"라고 기도했는데, 나중에는 그냥 눈물만 나왔습니다. 어찌어찌하여 여러 통로로 돈을 빌려 잔금을 치렀는데, 이제는 매달 이자 낼 일이 막막했습니다. 당시 교회 재정으로는 감당하기 어려운 규모였기 때문입니다. 일부 성도들은 제가 무리하게 이 일을 추진했다고 불평하기도 했습니다. 저도 순간적으로 불신앙의 마음이 들어서 '도대체 내가 왜 저 건물을 산다고 도장을 찍어서 이 고생을 하나?' 하며 불평어린 한탄을 했습니다.

그런데 지금은 많은 성도들이 제게 선견지명(先見之明)이 있다고 말합니다.

"목사님! 당시는 아주 어려웠지만 그래도 그때 교육관 건물을 구입하길 참 잘했습니다. 지금 매주 이렇게 많은 지체들이 교육관 건물에서 예배를 드리는데, 그때 사 두지 않았으면 지금 큰 낭패를 볼 뻔했습니다."

이러한 경험을 통해 제가 깨달은 바가 이것입니다. 우리의 믿음은 하나님이 한번 주셨다고 영원히 있는 것이 아니라는 사실입니다. 바람 앞에 등불과 같이 쉽게 꺼지는 것이 우리의 믿음입니다. 그러므로 바람이 불어오면 지키고, 기름이 떨어지면 채우며, 매일매일 살펴야 합니다. 하나님의 은혜가 늘 새롭게 공급되고, 믿음을 지키려는 신자의 거룩한 분투가 있어야 하는 것입니다. 성경은 말합니다.

> "그러므로 믿음은 들음에서 나며 들음은 그리스도의 말씀으로 말미암았느니라"(롬 10:17).

주변의 상황이 변하고 형편이 어려워지면, 하나님의 전능하심에 대한 믿음도 무너지기 시작합니다. 불안이 싹트고, 의심이 파고드는 것입니다. 이럴 때 필요한 것이 하나님의 말씀을 듣는 것입니다. 한번 무너진 믿음은 돈이나 상황의 긍정적 변화나 사람들의 위로 따위로 일으켜 세워지지 않습니다. 하나님의 말씀을 통해서 일깨워져야 다시 굳게 세워집니다.

그러므로 우리가 영혼의 어두운 밤을 지날 때, 제일 먼저 해야 할 일은 거기로부터 빠져나오고자 몸부림치는 것이 아닙니다. 시험에 들었다면, 제일 먼저 하나님의 지혜를 구해야 합니다. 하나님의 말씀이 들리지 않게 마음을 어지럽히고 있는 다양한 문제들과 하나님의 능력을 의심하게 하는 여러 가지 번민들을 먼저 해결해야 하는 것입니다.

저는 유년 시절, 할머니와 함께 산 기간이 많았습니다. 부모님은 시골에서 사업을 하셨고, 저는 할머니와 서울에서 살았습니다. 그때 할머니를 도와 했던 일 중에 가장 싫은 것이 실패에 실을 감는 일이었습니다. 할머니는 시장에 가면 엉킨 실만 잔뜩 골라 오셨습니다. 가지런히 정리된 실은 비쌌기 때문입니다. 집에 오면 엉킨 실을 제 손에 걸어 주고는 직접 그 실을 풀어 실패에 감기 시작하십니다. 할머니가 실을 풀어내도록 보조를 맞추려면 두 손에 실뭉당이를 감고 이리 갔다 저리 갔다 춤을 춰야 합니다. 어떤 때는 한참을 씨름해도 도무지 엉킨 실이 풀리지 않을 때가 있습니다. 그러면 저는 "할머니, 이런 일 정말 싫어. 가위로 끊어 버리고 다시 해" 하고 볼멘소리를 했습니다. 그러나 돌아오는 대답은 항상 같았습니다.

"얘야, 원래 이 실은 공장에서 한 가닥으로 나왔기 때문에 찬찬히 들여다보면 다 풀리게 돼 있어."

그리고는 실패를 집어넣었다 꺼냈다, 손을 뒤로 돌렸다 앞으로 돌렸다 하며 엉킨 부분을 기어코 풀어내셨습니다. 시간은 많이 걸렸지만, 할머니의 말씀이 틀린 적은 한 번도 없었습니다. 결국은 그 엉킨 실 뭉치가 하나의 실패에 가지런히 감기곤 했으니까요.

혼란이 가중되고 상황이 걷잡을 수 없이 악화될수록 우리에게 필요한 태도는 가만히 생각하는 것입니다. 그래서 전도서 기자는 이렇게 말합니다.

"곤고한 날에는 되돌아보아라"(전 7:14).

또한 야고보 사도 역시 여러 가지 시험을 당하거든 하나님의 지혜를 구하라고 말합니다.

"너희 중에 누구든지 지혜가 부족하거든 모든 사람에게 후히 주시고 꾸짖지 아니하시는 하나님께 구하라 그리하면 주시리라"(약 1:5).

마음이 분요할 때, 시험에 들었을 때, 곤고하고 괴로울 때, 우리는 먼저 하나님께 지혜를 구해야 합니다. 그러면 이제 어떻게 해야 하는지 하나님이 깨닫게 하십니다. 그렇게 엉킨 실을 풀듯 하나씩 하나씩 문제를 해결해 나가다 보면 어느 순간 새롭게 회복되고 있는 자신을 만나게 됩니다. 마음의 엉킨 실타래를 풀어 가는 과정을 통해 하나님이 우리 마음에 붙어 있는 더러운 찌꺼기들을 털어 내셨기 때문입니다.

"내 앞에서 행하라"

둘째로, 하나님 앞에서 행하라고 가르쳐 주셨습니다.

"너는 내 앞에서 행하여"(창 17:1).

여기서 '내 앞에서'라는 구절의 히브리어 원문을 직역하면 '나의 얼굴 앞에서'가 됩니다. 즉 하나님 면전(面前)에 있음을 의식하며 행하라는 의미입니다.

사실 우리의 삶은 언제나 하나님 앞에 있습니다. 하나님은 안 계시는 곳이 없으며, 모르는 것이 없으십니다. 그러므로 하나님 모르게 무엇인가를 한다는 것은 처음부터 불가능한 일입니다. 그런데 문제는 이 명백한 사실에 대한 인식이 수시로 흐릿해진다는 데 있습니다.

우리는 하나님의 살아 계심을 언제나 의식할 수 있어야 합니다. 이것이 하나님의 현존의식이며, 하나님의 임재의식입니다. 이러한 의식이 사람의 범죄를 막아 주고, 낙심할 때 일으켜 세워 주며, 고난당할 때 위로를 줍니다. 그러면 여기서 우리는 이런 의문을 갖게 됩니다.

'하나님의 면전의식이 있는 삶과 없는 삶은 어떻게 다를까?'

먼저 기도를 예로 들어 설명하겠습니다. 귀 기울여 들어주시는 하나님께 내 마음을 쏟아 붓듯 전하였다는 느낌을 받을 때가 있는가 하면, 허공에 대고 혼자 떠들다 돌아가는 것 같다는 생각이 들 때도 있습니다. 전자가 면전의식이 있는 기도라면 후자는 면전의식이 없는 기도입니다. 하나님에 대한 면전의식을 가진 사람의 기도는 하나님께서 지금 나의 기도를 기뻐 들으신다는 확신이 있습니다. 내가 드리는 기도가 향연(香煙)처럼 하나님께 올라가고 있음을 인식할 수 있습니다. 이것은 기도자 자신만의 착각이 아니라 받는 하나님과 드리는 신자 사이의 상호적인 교감입니다. 이러한 것이 있을 때, 우리는 그 기도를 하나님 앞에서 그의 임재를 느끼며 올리는 기도라고 말합니다.

예배의 경우도 마찬가지입니다. 설교가 예배당 전체에 울려 퍼질 때, 어떤 사람은 푹 자고 또 어떤 사람은 다른 생각에 잠겨 시간을 보냅니다. 그러나 하나님 면전에 있음을 의식하는 사람은 두려워 떨면서 말씀에 귀를 기울입니다.

'다 들켰구나. 어쩌면 하나님은 이렇게 정확히 나를 겨냥하여 말씀하실까? 누가 나의 처지를 목사님에게 쪽지로 알려 드린 것은 아닐까?'

기도와 예배만이 아닙니다. 섬김, 봉사, 구제, 전도 등 모든 일에서 하나님 면전에서 행하는 사람과 하나님의 살아 계심에 대한 깊은 인식 없이 행하는 사람은 차이가 납니다.

하나님 면전에서 살아가는 사람들은 교회 일을 하다가 마음 상하는 일이 생겨도 싸우지 않습니다. 불평불만이 생겨도 시험에 들지 않습니다. 교회를 섬긴다고 하면서 오히려 갈등을 일으키는 사람은 하나님 면전에서 떠난 사람입니다. 하나님의 임재를 느끼며 섬기는 사람의 마음에는 원망과 미움이 자리 잡지 않기 때문입니다. 그러므로 마음속에 무엇인가 불만이 싹트고 서운함이 자라난다면, 그것은 우리 삶이 하나님 면전을 이탈하고 있다는 경고등입니다.

성경이 기록하지 않은 13년의 세월 동안에도 아브람은 제단을 쌓고 예배를 드렸을 것입니다. 하나님의 이름을 부르며, 나름대로 기도도 간절하게 하였을 것입니다. 그러나 하나님은 그 일을 보시지도, 기억하시지도 않았습니다.

시험에 드셨습니까? 인생의 벼랑 끝까지 내몰리셨습니까? 당신이 잃어버린 것 중 제일 큰 것은 돈이 아닙니다. 사람들의 사랑이나 명예나 건강이 아닙니다. 그러한 것들은 모두 있다가도 없고 없다가도 있는 것, 화살과 같이 세월이 지나면 모두 두고 떠날 것들입니다. 당신이 정말로 애통해야 할 상실은 하나님의 임재 앞에서 올리는 기도, 그분의 임재 앞에서 들려오는 하나님의 말씀, 그분의 임재 앞에서 섬기는 섬김, 그분의 임재 앞에서 경험하는 평화입니다.

하나님의 임재 앞에서 살 때, 우리에게는 눈물이 있고 감격이 있습니다. 보잘것없는 나를 아들을 주시기까지 사랑해 주시는 하나님의 사랑이 우리 마음속에 있기 때문입니다.

하나님이 우리에게 주실 수 있는 최고의 축복은 하나님 앞에서 하나님과 평화를 누리며 사랑받고 사랑하며 사는 삶입니다. 그것과 바꿀 수 있는 가치는 이 세상은 물론 하늘나라에도 없습니다. 우리가 당한 모든 문제의 원인은 하나님 면전에서 사는 기쁨을 잃어버렸기 때문입니다. 신자가 하나님 면전에서 사는 기쁨을 잃어버리고, 주님의 등 뒤에서 기쁨을 찾기 시작할 때 그의 영혼은 황폐해지기 시작합니다. 인생의 막다른 골목을 사람의 잔재주로 헤쳐 나오려고 애쓰지 마십시오. 인생의 막다른 골목일수록, 영혼의 깊은 밤일수록, 우리에게 필요한 것은 하나님 임재 앞에서 사는 일입니다.

"완전하라"

셋째로 하나님은 완전하라고 가르쳐 주십니다. 히브리어에서 '완전'이라는 단어는 추호의 잘못이나 흠이 없는 완전함을 가리키는 것이 아닙니다. 상대적인 온전함을 의미합니다.

하나님의 음성을 듣고 가나안을 향해 떠날 때, 아브람의 믿음은 비록 어리고 연약했으나 하나님이 보시기에 온전한 것이었습니다. 아브람은 살아가면서 신앙에서 미끄러진 적도 있고, 사심에 마음이 흔들린 적도 있던 완벽하지 않은 사람이었습니다. 그러나 하나님이 불러 행하게 하실 때, 그는 두려워 떨면서도 온전하게 하나님께 순종했습니다. 그의 마음속에 하나님과의 친교가 있었고, 그로 인해 하나님 앞에 완전한 존재가 되고자 하는 소원이 있었기 때문입니다.

마음을 다하여 하나님을 온전히 사랑하려고 하는 사람만이 온전한 삶을 살고자 몸부림치며 살아갑니다. 하나님은 오늘도 사면을 두루 살피시며, 당신 앞에 온전하고자 애쓰는 사람을 찾고 계십니다. 하나님은 완전하지 않은 사람 1만 명보다 완전한 사람 한 명을 더욱 가치 있게 여기십니다. 왜냐하면 불완전한 사람 곧 온전하고자 애쓰지 않는 1만 명보다 온전하고자 애쓰는 한 사람의 하나님을 향한 경외심이 주님의 보좌를 움직이는 힘이 있기 때문입니다.

그런데 하나님 앞에서 완전했던 사람 아브람이 아내의 불신앙적인 충고를 받아들여 돌이킬 수 없는 행동을 저질렀습니다. 하나님이 놀라운 축복의 약속들을 주시고, 쪼갠 고기 사이로 지나가시며 그 약속을 보증까지 해주셨는데, 어쩌다 그 아름다운 신앙의 감격을 잃어버렸을까요?

아브람이 하갈을 첩으로 취해 아들을 낳은 것은 하나님과의 관계를 청산하고 자기 마음대로 살겠다는 의도가 아니었습니다. 아브람은 아마 이렇게 생각했을 것입니다.

'하나님께서 나의 몸에서 태어날 아들이라고 하셨지, 사래를 거론하신 것은 아니지 않은가? 나와 사래의 나이를 감안할 때, 현실적으로 우리 둘 사이에 아이가 태어나는 것은 무리이니, 가나안 지방의 문화를 따라 첩을 두는 것도 하나님의 약속을 이루는 방법일 수 있다. 하나님이 주시기만을 손 놓고 기다리는 것은 너무 극단적인 신앙의 태도일 수 있다.'

그러나 하나님의 자녀의 완전함을 무너뜨리는 최대의 적은 바로 이러한 생각들입니다. 커다란 불신이 아니라 작은 불완전함이 견고한 신앙의 둑을 무너뜨리는 것입니다.

믿음을 현실과 타협하기 시작하면, 하나님의 자녀의 완전함은 순식간에 사라지고 맙니다.

'에이, 이 정도는 하나님도 이해하실 거야! 현실에 뿌리박고 사는 이상, 현실적인 문제도 생각해야지. 너무 외골수로 믿음만 고집하는 것도 극단적인 신앙의 태도야.'

이런 생각을 타고 불완전함이 하나님의 자녀 속으로 스며드는 것입니다.

세모를 그릴 때, 처음부터 마음속에 찌그러진 세모를 생각하면서 세모를 그리는 사람은 없습니다. 비록 손으로는 생각만큼 반듯하고 정확하게 세모를 그려 낼 수 없어도, 마음속에서만큼은 정확한 삼각형이 자리 잡고 있어야 그 손에서 세모 비슷한 그림이 나옵니다.

우리의 신앙도 마찬가지입니다. 마음속에 완전한 신앙의 기준이 있어도, 삶으로 그것을 구현하다 보면 어쩔 수 없이 휘거나 흔들리는 경우가 생깁니다. 그래도 모든 일에 하늘에 계신 하나님 아버지의 온전하심과 같이 그렇게 온전하게 살겠다는 의지를 가지고 살아가는 사람은 비슷하게나마 참된 신앙의 그림을 그리며 살아갑니다.

　그러므로 그리스도인은 칼같이 엄격하고 정확한 삶의 기준을 가지고 살아가야 합니다. 이것은 세상 사람들을 위해서가 아니라 거룩하신 하나님, 어디서나 불꽃 같은 눈으로 내 삶을 지켜보시는 하나님 때문입니다. 하나님의 자녀입니까? 그렇다면 당신은 도덕적으로는 물론 모든 면에서 신뢰할 만한 사람이 되어야 됩니다. 그것이 바로 신앙이기 때문입니다.

"아브람이 구십구 세 때에 여호와께서 아브람에게 나타나서 그에게 이르시되 나는 전능한 하나님이라 너는 내 앞에서 행하여 완전하라 내가 내 언약을 나와 너 사이에 두어 너를 크게 번성하게 하리라 하시니 아브람이 엎드렸더니 하나님이 또 그에게 말씀하여 이르시되 보라 내 언약이 너와 함께 있으니 너는 여러 민족의 아버지가 될지라 **이제 후로는 네 이름을 아브람이라 하지 아니하고 아브라함이라 하리니 이는 내가 너를 여러 민족의 아버지가 되게 함이니라 내가 너로 심히 번성하게 하리니 내가 네게서 민족들이 나게 하며 왕들이 네게로부터 나오리라 내가 내 언약을 나와 너 및 네 대대 후손 사이에 세워서 영원한 언약을 삼고 너와 네 후손의 하나님이 되리라 내가 너와 네 후손에게 네가 거류하는 이 땅 곧 가나안 온 땅을 주어 영원한 기업이 되게 하고 나는 그들의 하나님이 되리라**"

창 17:1-8

아브람을
아브라함으로 부르시다

아브람이 사래의 말을 듣고 하갈에게서 이스마엘을 낳은 것은 현저한 불신앙이었습니다. 오죽했으면 하나님이 13년 동안이나 침묵하셨겠습니까? 그러나 하나님은 아브람을 완전히 버리지는 않으셨습니다. 오히려 직접 찾아오셔서 아브람에게 당신이 누구 인가를 새롭게 알려 주셨고, 나아가 아브람에게 아브라함이라는 새 이름을 주며 열국의 아비로 삼으셨습니다.

언약을 갱신하시는 하나님

하나님의 자기선언에 이어, 하나님께서 직접 아브람과 맺은 언약을 갱신하시는 장면이 나옵니다.

"내가 내 언약을 나와 너 사이에 두어 너를 크게 번성하게 하리라 하시니 아브람이 엎드렸더니 하나님이 또 그에게 말씀하여 이르시되 보라 내 언약이 너와 함께 있으니 너는 여러 민족의 아버지가 될지라"(창 17:2-4).

이것은 이미 수립된 언약을 구체화하는 것으로, 이 구체화의 목적은 언약 당사자인 아브람의 신앙을 새롭게 하는 것이었습니다.

우리에게 어떠한 사명이 주어졌을 때, 그것을 알고 있는 것만으로는 그 의무에 헌신할 수 없습니다. 그 일을 감당할 수 있게 하시는 하나님의 내적인 은혜의 역사가 절실하게 필요한 것입니다. 아브람 역시 마찬가지였습니다. 하나님으로부터 "별과 같이 셀 수 없을 정도로 많은 자손을 주리라"는 약속을 받았지만, 과거에 받은 그 약속이 현재 그의 삶에 강한 영향력을 발휘하고 있는 것은 아니었습니다. 그래서 하나님은 거듭거듭 약속을 갱신하며, 아브람이 확신 가운데 하나님이 주신 약속에 어울리는 삶을 살아가게 하셨습니다.

본문에서도 하나님은 아브람에게 다시 약속을 확인해 주십니다. 그리고 아브람 스스로 그 약속에 대해 내적 확신을 가질 수 있도록 그의 이름을 아브라함으로 개명해 주셨습니다. '아브라함'이라는 이름은 '많은 무리의 아버지'라는 의미로, 하나님이 이 이름을 주신 것은 그를 열국의 아비로 삼으시겠다는 당신의 의지를 드러내기 위해서였습니다.

이것은 아브라함을 정치적인 왕으로 세우시겠다는 뜻이 아닙니다. 아브라함의 후손들이 널리 퍼져 수많은 나라와 민족을 이루게 하시겠다는 약속인 동시에, 열국의 많은 나라와 민족들이 나아와 아브라함이 받은 축복에 참여하게 될 것이라는 일종의 선교적인 약속이었습니다.

"그러므로 상속자가 되는 그것이 은혜에 속하기 위하여 믿음으로 되나니 이는 그 약속을 그 모든 후손에게 굳게 하려 하심이라 율법에 속한 자에게뿐만 아니라 아브라함의 믿음에 속한 자에게도 그러하니 아브라함은 우리 모든 사람의 조상이라"(롬 4:16).

대체 아브라함은 무슨 공로로 이런 놀라운 축복을 받는 것인지 아무리 생각해도 의아하기만 합니다. 그가 한 일이라고는 하나님의 약속을 받았으면서도 불순종하였던 것, 사람의 꾀를 따라 이스마엘을 낳은 것밖에는 없습니다.

그런데 하나님은 호되게 나무라셔야 할 아브라함에게 오히려 열국의 아비가 되는 영광을 주셨습니다. 이것은 하나님께서 자기의 백성들에게 약속하신 일을 반드시 이루신다는 사실을 웅변적으로 보여 주고 있습니다. 우리는 여기서 사도 바울이 로마서에서 고백한 승리의 노래를 떠올립니다.

"하나님이 미리 아신 자들을 또한 그 아들의 형상을 본받게 하기 위하여 미리 정하셨으니 이는 그로 많은 형제 중에서 맏아들이 되게 하려 하심이니라 또 미리 정하신 그들을 또한 부르시고 부르신 그들을 또한 의롭다 하시고 의롭다 하신 그들을 또한 영화롭게 하셨느니라" (롬 8:29-30).

아브라함은 새로운 이름과 함께 하나님이 그에게 주신 약속을 어떻게 구체적으로 실현해 가실 것인지에 관한 감격적인 선언을 들었습니다. 하나님은 그를 크게 번성시킬 것이라고 말씀하셨고, 그의 후손 가운데 왕들이 나올 것이라고 약속해 주셨으며, 그의 대대 후손들과도 영원히 그와 맺은 언약을 이어 갈 것이라고 확증해 주셨습니다. 이 얼마나 감격적인 선언입니까?

하나님의 이 약속 안에 담긴 의미를 아브라함이 모두 이해하고 있었는지는 확신할 수 없습니다. 그러나 우리는 알고 있습니다. 하나님이 아브라함에게 약속하신 가나안 땅, 그와 그의 후손에게 영원한 기업으로 주신 그 땅은 우리가 예수 그리스도 안에서 누릴 영원한 하나님 나라의 예표였습니다. 이스라엘 백성이 애굽을 탈출하여 가나안을 정복하게 되는 것, 구약의 모든 예표들이 예수 그리스도 안에서 성취되어 신약의 모든 성도가 하늘의 영원한 기업을 누리게 되는 것, 이 모든 것이 하나님이 아브라함과 맺은 언약의 성취로서 이루어진 것입니다.

하나님의 놀라운 구원 계획은 아브람이 아브라함으로 개명됨으로써 조금씩 계시되기 시작합니다. 많은 주석가들이 아브라함이 이삭을 번제물로 드리는 장면을 예수 그리스도가 갈보리 십자가에 달리시는 일을 상징한다고 주장하는 것도 이 때문입니다.

하나님이 아무 공로도 없는 아브라함을 선택하여 언약의 아비로 세우시는 장면을 보면서, 우리는 하나님이 구원의 주권자이심을 알게 됩니다. 하나님의 신실하고 불변하신 성품을 알게 됩니다.

그러므로 우리는 우리의 상태를 바라보며 하나님과의 관계를 생각하지 말고, 그분의 언약과 긍휼을 의지해야 합니다. 우리는 우리 자신의 생활이 개선되고 마음이 평정을 되찾은 후에라야, 주님을 더 잘 믿고 순종할 수 있을 것이라고 생각합니다. 이러한 생각의 이면에는 '그러한 때가 되면 내 모습이 하나님 앞에 더 받아들여질 만할 것이다. 하나님이 보시기에도 은혜를 주실 만하다 하실 것이다'라는 계산이 깔려 있습니다. 그러나 하나님의 사랑은 언제나 주권적인 사랑입니다. 사랑할 만하기에 사랑하시는 것이 아니라, 하나님이 주권적으로 사랑하고자 하셨기에 사랑하시는 것입니다.

아브라함이 하나님의 약속을 믿지 않고 이스마엘을 낳은 것은 잘못된 선택이었습니다. 그러나 하나님은 아브라함의 불순종 때문에 그와 맺은 언약관계가 파멸에 이르는 것을 용납하지 않으셨습니다. 오히려 가장 곤고한 때에 그를 찾아오셨고, 만나 주셨으며, 감당할 수 없는 은혜를 베푸셨습니다.

지금 당신은 어디에 있습니까? 아브라함과 같이 순간의 잘못된 선택으로 불순종하여 영적인 어두움 속에 있지는 않습니까? 하나님을 앙망하십시오. 우리의 상태와는 상관없이 언제나 하나님만이 우리의 소망이 되시기 때문입니다.

하나님의 침묵은 또 다른 부르심이다

이스마엘이 태어난 후 13년 동안의 시간에 대하여 성경은 침묵하고 있습니다. 성경이 침묵한다는 것은 하나님께서 그에게 말씀하지 않으셨다는 것입니다. 하나님과의 교통이 끊어진 13년, 그런데 우리는 여기서 놀라운 결과를 보게 됩니다. 그 13년이 지난 후 오히려 아브라함의 신앙이 더욱 견고해졌다는 것입니다.

로마서는 100세의 아브라함을 이렇게 묘사합니다.

> "그가 백 세나 되어 자기 몸이 죽은 것 같고 사라의 태가 죽은 것 같음을 알고도 믿음이 약하여지지 아니하고 믿음이 없어 하나님의 약속을 의심하지 않고 믿음으로 견고하여져서 하나님께 영광을 돌리며"(롬 4:19-20).

85세에 하나님을 신뢰하지 못하고 첩을 얻었던 그가, 오히려 몸이 더 노쇠해지고 아내 사라의 태가 죽은 것 같음을 알던 100세에는 믿음이 더 강해졌습니다. 우리는 여기서 하나님이 13년 동안이나 그를 내버려두신 이유를 발견합니다. 우리는 영적으로 침체되어 있고 하나님의 말씀에 대한 깨달음이나 기도의 친밀함이 느껴지지 않을 때, 자신이 하나님께로부터 책망을 받고 있다고 느낍니다. 그것은 과거에 자신이 저지른 불순종과 불신앙에 대한 응분의 대가입니다.

그러나 그것은 또한 하나님과 친밀한 관계 속에서 살아가는 삶이 얼마나 커다란 축복인지를 깨닫는 기회이기도 합니다. 침체는 과거의 불신앙과 불순종을 반성하게 하시는 하나님의 무언의 부르심입니다. 이렇게 우리는 하나님의 말씀에 대한 깨달음이 있고 기도 속에서 성령의 인도를 받을 수 있는 날은 그런 날대로, 영적인 침체 속에서 주님의 음성이 들리지 않는 날은 또 그런 날대로, 각각 다른 방식으로 하나님께 가르침을 받습니다.

하나님의 침묵은 당신을 따르는 백성들을 훈련시키시는 탁월한 방법입니다. 위대한 신앙의 정신을 소유한 모든 사람은 이러한 침묵의 시기를 거쳤습니다. 아브라함뿐만 아니라 이삭도 야곱도 요셉도 그리고 모세도 이런 침묵 속에서 하나님으로부터 오는 무언의 부르심을 들었습니다. 이처럼 영혼의 침체는 하나님의 무언의 부르심이며 그 침묵 속에서 사실은 형통할 때 듣지 못하던 주님의 결정적인 음성을 듣게 되기도 합니다.

그런데 침체의 때에 얻을 수 있는 유익이 하나 더 있습니다. 하나님과의 평화가 깨어지고 깊은 고통 속에서 하나님의 침묵에 직면했을 때, 인간은 그 어느 때보다 강하게 하나님을 의존하게 됩니다. 물론 이것은 신앙이 그를 지도하고 있다는 전제에서입니다. 그리하여 형통할 때는 교만하던 마음이 시련과 어려움이 찾아와 침체에 빠지게 되면 겸비해집니다. 하나님을 더욱 의지하고 갈망하게 되는 것입니다.

아브라함이 침체 속에서 하나님의 부르심을 경험한 것은, 그에게 이미 하나님의 말씀을 받을 만한 준비가 되어 있었기 때문입니다. 하나님을 만날 만한 처소는 다른 곳이 아니라 하나님을 앙망하는 가난한 마음입니다. 그는 13년 동안 침묵의 고통을 경험하며 충분히 낮아졌고 주님의 말씀 앞에 자신을 반성하고 복종시킬 준비가 되어 있었습니다.

당신은 어떻습니까? 하나님이 가난한 마음으로 하나님 한 분만을 앙망하도록 준비시키시는 영적 침체기에 오히려 마음이 더 강퍅해지고 있지는 않습니까? 그렇다면 하나님이 침묵하시는 고통의 때가 좀 더 오래 지속될 것입니다. 당신이 자신을 아무리 옳다고 여기며 하나님께 항변할지라도, 하나님은 우리의 폭력이나 혹은 우리의 논리 앞에 굴복해서 나타나시는 분이 아닙니다. 따라서 우리는 그 고통스러운 침묵의 시간 동안, 오히려 그 안에서 하나님은 의로우시며 그리스도가 옳으시다는 것을 자백하는 방법을 배워야 합니다.

"만일 우리가 죄가 없다고 말하면 스스로 속이고 또 진리가 우리 속에 있지 아니할 것이요 만일 우리가 우리 죄를 자백하면 그는 미쁘시고 의로우사 우리 죄를 사하시며 우리를 모든 불의에서 깨끗하게 하실 것이요"(요일 1:8-9).

그러므로 하나님의 음성이 들리지 않는 영혼의 침체는 어떻게 보면 하나님이 간절히 부르시는 증거이기도 합니다. 당신이 이런 시험 가운데 있다면 하나님을 앙망하기를 바랍니다. 주님을 의지하기를 바랍니다. 하나님이 옳으시고 당신은 잘못되었다는 것을 인정하기 바랍니다. 그리고 주님의 은혜를 구하십시오. 이것이 당신이 그 깊은 어두움에서 벗어나는 길입니다.

되새기기

우리 중에는 지금 이 순간 신앙에서 깊이 미끄러져 고통하는 사람이 있을 것입니다. 그 영혼의 밤이 어디에서부터 시작되었는지 아십니까? 영혼의 밤을 맞이하기 위해 노력하는 사람은 아무도 없습니다. 신앙에서 미끄러짐은 노력해서 되는 일이 아니라, 온전하게 신앙생활하려는 마음의 굳은 결심을 접기만 하면 저절로 되는 일입니다.

'이 정도야 뭐…', '현실적으로 그건 어렵지', '아이, 사람이 그럴 수도 있지' 하는 안일한 생각들이 은혜를 허물고 도덕의 규칙을 붕괴시키며 당신을 캄캄한 밤바다 한가운데로 밀고 갑니다. 아브라함은 현실적인 입장과 세상 풍습에 타협한 대가로 13년의 세월 동안 캄캄한 영혼의 밤바다를 떠돌아야 했습니다.

그러므로 안일한 태도로 신앙생활을 하고 있다면 회개해야 합니다. 하나님 앞에서 깊이 뉘우치고 처음 그 사랑과 믿음으로 돌이켜야 합니다.

별빛조차 사라진 영혼의 밤바다를 언제까지 방황하며 떠다니겠습니까? 갈피를 잡을 수 없는 혼돈과 거센 물결에 시달리는 삶이 지겹지 않습니까? 더 이상 방황하지 말고, 하나님의 사랑을 확신하십시오. 지금은 침묵 속에 계시지만, 사실 하나님은 그 침묵 속에서 당신을 부르고 계십니다.

눈부신 새 아침은
어떻게 열리는가?

아브라함은 하나님으로부터 도무지 납득할 수 없는 명령을 받았습니다.
왜 그러시는지, 무엇을 위해 그리 해야 하는지 하나님께 물어볼 수도 있었습니다.
다른 명령을 내리시면 따르겠노라 애원해 볼 수도 있었습니다.
그러나 아브라함은 그 어떤 이의도 제기하지 않고,
날이 밝자마자 그 명령에 순종하기 위해 길을 떠났습니다.

하나님의 백성이 이 세상의 백성과 구분되는 가장 커다란 차이는
하나님의 말씀을 듣는다는 것입니다.
하나님의 명령을 가장 중요한 것으로 생각하며 살아갈 때,
하나님께 순종하고 또 순종하며, 그 순종 가운데 기쁨을 누리며 살아갈 때
우리는 새로워지고 변화됩니다.

이야기의 배경은
이러하였으니

누구든지 살다 보면 인생의 어두운 밤을 만나게 마련입니다. 그리고 그 어두운 밤에는 항상 시험과 위험, 그리고 고난이 있습니다.

그런데 신앙을 가진 그리스도인들에게 인생의 어두운 밤은 영혼의 밤과 밀접한 관계가 있습니다. 시련과 환난이 와서 다른 사람들로부터 동정을 받는다 할지라도 우리 마음에 희망이 있고 기쁨이 솟아나면 인생의 어두운 밤이 아닙니다. 그러나 환경의 어두운 밤과 함께 우리의 영혼도 깊은 어두움 속으로 들어가게 되면, 우리 마음에 큰 혼란과 고통이 찾아오게 됩니다.

인생의 밤을 만난 성도들은 간절하게 새벽을 기다립니다. 동이 트고 찬란한 햇빛이 떠오를 회복의 아침을 갈망하는 것입니다. 마치 문을 연 약국도 찾을 수 없고 불 켜진 병원도 찾을 수 없는 깊은 밤, 견딜 수 없는 통증에 밤새 괴로워하며 날이 밝기를 기다리는 병자처럼 말입니다.

그런데 여기서 묻고 싶은 질문이 있습니다. 그 인생의 어두운 밤이 지나면 무엇을 하겠습니까? 또 다른 어두움을 찾아가겠습니까? 물론 아니라고 대답하실 것입니다. 그러나 우리가 살아가는 이유와 목적을 분명하게 하지 않는 이상, 우리는 이 어두움이 끝나면 저 어두움을 찾아가고, 이 벼랑에서 건져지면 또 다른 벼랑 끝에 매달리는 일을 되풀이하다 인생의 황혼을 맞이하고 말 것입니다. 그러면 대체 어떻게 해야 어두운 인생의 밤이 끝났을 때, 또 다른 어두운 밤으로 들어가는 대신 눈부신 새 아침을 맞이할 수 있을까요?

창세기 22장에서 우리는 정말 극적인 장면과 마주합니다. 이삭을 희생제사로 바치라는 잔인한 명령, 그러나 사실 그것은 아브라함의 영혼과 인생의 진정한 회복의 시작이었습니다.

"그 일 후에 **하나님이 아브라함을 시험하시려고 그를 부르시되** 아브라함아 하시니 그가 이르되 내가 여기 있나이다 여호와께서 이르시되 네 아들 네 사랑하는 독자 이삭을 데리고 모리아 땅으로 가서 내가 네게 일러 준 한 산 거기서 그를 번제로 드리라 아브라함이 아침에 일찍이 일어나 나귀에 안장을 지우고 두 종과 그의 아들 이삭을 데리고 번제에 쓸 나무를 쪼개어 가지고 떠나 하나님이 자기에게 일러 주신 곳으로 가더니 제삼일에 아브라함이 눈을 들어 그곳을 멀리 바라본지라 이에 아브라함이 종들에게 이르되 너희는 나귀와 함께 여기서 기다리라 내가 아이와 함께 저기 가서 예배하고 우리가 너희에게로 돌아오리라 하고 아브라함이 이에 번제 나무를 가져다가 그의 아들 이삭에게 지우고 자기는 불과 칼을 손에 들고 두 사람이 동행하더니 이삭이 그 아버지 아브라함에게 말하여 이르되 내 아버지여 하니 그가 이르되 내 아들아 내가 여기 있노라 이삭이 이르되 불과 나무는 있거니와 번제할 어린 양은 어디 있나이까 아브라함이 이르되 내 아들아 번제할 어린 양은 하나님이 자기를 위하여 친히 준비하시리라 하고 두 사람이 함께 나아가서 하나님이 그에게 일러 주신 곳에 이른지라 이에 아브라함이 그곳에 제단을 쌓고 나무를 벌여 놓고 그의 아들 이삭을 결박하여 제단 나무 위에 놓고 손을 내밀어 칼을 잡고 그 아들을 잡으려 하니 여호와의 사자가 하늘에서부터 그를 불러 이르시되 아브라함아 아브라함아 하시는지라 아브라함이 이르되 내가 여기 있나이다 하매 사자가 이르시되 그 아이에게 네 손을 대지 말라 그에게 아무 일도 하지 말라 네가 네 아들 네 독자까지도 내게 아끼지 아니하였으니 내가 이제야 네가 하나님을 경외하는 줄을 아노라 아브라함이 눈을 들어 살펴본즉 한 숫양이 뒤에 있는데 뿔이 수풀에 걸려 있는지라 아브라함이 가서 그 숫양을 가져다가 아들을 대신하여 번제로 드렸더라 아브라함이 그 땅 이름을 여호와 이레라 하였으므로 오늘날까지 사람들이 이르기를 여호와의 산에서 준비되리라 하더라 여호와의 사자가 하늘에서부터 두 번째 아브라함을 불러 이르시되 여호와께서 이르시기를 내가 나를 가리켜 맹세하노니 네가 이같이 행하여 네 아들 네 독자도 아끼지 아니하였은즉 내가 네게 큰 복을 주고 네 씨가 크게 번성하여 하늘의 별과 같고 바닷가의 모래와 같게 하리니 네 씨가 그 대적의 성문을 차지하리라 또 네 씨로 말미암아 천하 만민이 복을 받으리니 이는 네가 나의 말을 준행하였음이니라 하셨다 하니라"

창 22:1-18

하나님은 사람을
시험하시는가?

성경은 "그 일 후에 하나님이 아브라함을 시험하시려고 그를 부르시되"(창 22:1)라고 기록하고 있습니다. 히브리어 성경에는 '그 일'이 복수로 나옵니다. 즉 '그 일들이 있고 난 후에' 하나님께서 아브라함을 부르셨다는 것입니다.

그러면 도대체 앞 장에서 살펴본 일, "너는 내 앞에 행하여 완전하라"라는 책망을 듣고 '아브라함'이라는 새 이름으로 불리게 된 다음에 무슨 사건들이 일어났을까요? 커다란 사건들을 중심으로 살펴보겠습니다.

먼저 소돔과 고모라 성의 멸망이 있었습니다. 하나님의 심판으로 유황과 불이 비처럼 쏟아져 소돔과 고모라의 모든 것을 멸

했습니다. 사람도 가축도 농작물도 모두 불타 사라졌습니다. 롯의 일가만이 아브라함의 기도로 간신히 환난에서 구출되었을 뿐입니다.

또한 아브라함이 그랄 땅으로 이사했습니다. 그곳에서 아브라함은 아내를 빼앗기는 수모를 다시 한 번 겪습니다. 그러나 하나님께서 그랄 왕 아비멜렉에게 직접 말씀하셔서 사라를 아브라함에게 돌려보내게 하십니다. 이후 하갈과 이스마엘이 아브라함의 집에서 추방당하고, 아브라함과 아비멜렉이 언약을 세우게 됩니다.

그러나 이 모든 사건보다도 중요한 사건이 있었으니, 바로 하나님의 약속대로 이삭이 태어난 것입니다. 지금도 그렇거니와 당시로서도 100세에 아들을 낳는다는 것은 기적과도 같은 일이었습니다. 그런데 인간으로서는 불가능에 가까운 이 일이 아브라함에게 일어났습니다.

이러한 모든 일이 일어난 다음에 하나님께서 아브라함을 부르셨습니다. 아마도 아브라함은 이스마엘을 내보낸 후, 오직 이삭에게만 모든 애정을 쏟으며 살았을 것입니다.

이삭이 태어나고 얼마의 시간이 흘렀는지는 정확하게 가늠할 수 없지만, 이삭이 지게를 지고 아브라함을 따라갈 정도로 성장한 것으로 볼 때 십수 년의 세월이 흘렀을 것입니다. 그런데 그때 아브라함에게 커다란 위기가 찾아옵니다. 하나님의 시험을 만나게 된 것입니다.

"이삭을 바치라"

성경은 하나님이 아브라함을 시험하시려고 부르셨다고 말합니다. 그러면 아브라함을 시험하기 위해 주신 하나님의 명령은 무엇이었을까요? 바로 독자 이삭을 번제로 드리라는 것이었습니다.

> "여호와께서 이르시되 네 아들 네 사랑하는 독자 이삭을 데리고 모리아 땅으로 가서 내가 네게 일러 준 한 산 거기서 그를 번제로 드리라"(창 22:2).

모리아 땅은 아브라함이 살던 곳에서 걸어서 3일가량 걸리는 곳이었습니다. 왜 굳이 그 먼 곳까지 가서 이삭을 바치라고 하셨는지 우리는 알 길이 없습니다. 어떤 학자들은 아브라함이 독자 이삭을 바쳤던 그 장소가 예수님이 십자가에서 못 박혀 죽으신 장소와 동일하다고 주장하며 그 사실을 고고학적으로 논증하기도 합니다. 만일 그 주장이 사실이라면, 이삭이 아브라함의 손에 이끌려 모리아 산으로 올라가 제물로 드려지는 이 장면은 후일 그리스도 예수께서 오셔서 일체의 순종으로 자기 자신을 하나님 앞에 제물로 드릴 십자가 사건의 훌륭한 예표입니다.

어쨌든 하나님은 아브라함에게 사랑하는 아들 이삭을 제물로 바치라고 명령하셨습니다. 하나님이 요구하신 제사는 번제로, 불로 태워서 하나님 앞에 드리는 제사였습니다. 살아 있는 짐승을 불로 태울 수는 없기에, 번제를 드릴 때는 먼저 제물을 피 흘려 죽게 했습니다. 물론 이러한 제사법은 후일 모세의 율법에 나오는 것이므로, 이것이 아브라함의 시대에도 마찬가지였는지는 확신할 수 없습니다. 그러나 아브라함이 드리던 그것과 모세에게 주어진 제사의 예법은 그 세세한 항목에 있어서는 달랐을지 몰라도 기본적으로는 동일했을 것입니다.

그런데 이러한 추론은 우리를 더 끔찍한 상상 속으로 데려갑니다. 왜냐하면 하나님이 모세에게 주신 번제의 예법은 짐승을 죽여서 그대로 불태우면 되는 것이 아니기 때문입니다. 죽인 다음에는 그 짐승을 해체해야 했습니다. 제사에 쓸 수 있는 것과 없는 것들을 구별하고 각을 떠서 하나님 앞에 바쳐야 했던 것입니다. 만약 아브라함이 알고 있던 번제의 예법도 이러했다면, "이삭을 바치라"는 하나님의 명령을 들었을 때 아브라함은 우리가 상상할 수 없을 정도로 엄청난 충격을 받았을 것입니다.

우리는 점진된 계시를 통해 하나님의 인격적 성품에 대해 알고 있기에, 하나님은 결코 인신제사를 기뻐하시는 분이 아니라는 판단을 내릴 수 있습니다. 그러나 아브라함은 그 정도의 계시를 가진 사람이 아니었습니다. 오히려 그는 변덕스럽고 이기적인 수많은 이방신을 섬기던 메소포타미아 출신의 사람이었습니다. 사실 고대에 성행하던 이방 종교들 중에는 자식을 신께 드리는 제의적 의식이 많이 있었습니다. 이러한 예는 성경 속에서도 찾을 수 있는데, 모세의 시대에는 물론 예레미야 선지자 시대에까지 등장하는 '몰렉'이라는 이름의 이방신이 있습니다. 이스라엘 백성이 몰렉에게 드렸던 희생은 자식을 죽여서 드리는 제사였습니다.

> "너는 결단코 자녀를 몰렉에게 주어 불로 통과하게 함으로 네 하나님의 이름을 욕되게 하지 말라 나는 여호와이니라"(레 18:21).

> "힌놈의 아들의 골짜기에 바알의 산당을 건축하였으며 자기들의 아들들과 딸들을 몰렉 앞으로 지나가게 하였느니라 그들이 이런 가증한 일을 행하여 유다로 범죄하게 한 것은 내가 명령한 것도 아니요 내 마음에 둔 것도 아니니라"(렘 32:35).

고고학적 발굴에 의하면, 주물로 우상의 형상을 만들고 그 안에 아이를 집어넣어 봉한 후에 불에 구웠다고 합니다.

아브라함에게 인신제사는 낯선 것이 아니었고, 하나님은 인신 제사를 기뻐하시지 않는다는 인식 또한 당시 아브라함에게는 없었습니다. 그러므로 이 명령을 받고, 아브라함이 '하나님이 말씀만 이렇게 하시지 정말로 이 일을 실행하시지는 않을 거야'라고 생각했다고는 볼 수 없습니다.

하나님은 말씀하신 바를 번복하거나 말씀하신 바를 지키지 않는 분이 아니심을 아브라함은 알고 있었습니다. 따라서 이삭을 제물로 바치라는 하나님의 명령을 받고 아브라함은 말할 수 없는 슬픔과 고통을 느꼈을 것입니다. 그것이 얼마나 큰 괴로움이었을지, 우리는 감히 상상조차 할 수가 없습니다. 그러나 아브라함은 침묵 가운데 하나님의 명령에 순종했습니다. 이삭이 희생의 제물이 되어야 하는 이유를 묻지도, 이삭이 죽고 나면 언약은 어떻게 이루실 것인지 따지지도 않았습니다. 그저 묵묵히 날이 밝기를 기다려, 번제를 올릴 채비를 하여 떠났습니다.

시험은 받는 것인가, 당하는 것인가?

그런데 여기서 한 가지 중요한 의문이 대두됩니다. '하나님이 인간을 시험하시는가?' 하는 매우 중요한 신정론(神正論)의 문제가 거론되지 않을 수 없는 것입니다.

본문은 하나님이 아브라함을 시험하기 위해 부르셨다고 진술하고 있습니다. 그러나 야고보서에는 상반된 구절이 등장합니다.

> "사람이 시험을 받을 때에 내가 하나님께 시험을 받는다 하지 말지니 하나님은 악에게 시험을 받지도 아니하시고 친히 아무도 시험하지 아니하시느니라 오직 각 사람이 시험을 받는 것은 자기 욕심에 끌려 미혹됨이니"(약 1:13-14).

우리는 도대체 이 문제를 어떻게 이해해야 할까요? 하나님이 인간을 시험하신다는 것인지, 시험하지 않으신다는 것인지 혼란스러울 수밖에 없습니다. 결론부터 말씀드리면, 하나님은 인간을 시험하시는 분이 아닙니다. 시험한다는 것은 무엇인가 모르는 부분이 있다는 것을 전제로 합니다. 모르기 때문에, 모르는 그 무엇을 정확하게 알아내기 위해 평소와는 다른 어떤 조건이나 상태를 그 대상에 가하는 것입니다. 그런데 하나님은 시험을 해서 인간의 반응을 보기 전까지는 그가 어떤 사람인지, 당신을 믿고 사랑하는 사람인지 아실 수 없는 분이 아닙니다. 착각하거나 오해하실 가능성도 없는 분입니다. 그러므로 우리는 하나님은 결코 인간을 시험하시는 분이 아니라는 결론에 도달하게 됩니다.

그러면 대체 성경은 왜 이렇게 오해의 소지가 있는 진술을 하고 있을까요? 성경은 본질적으로 하나님의 말씀입니다. 그러나 그것은 하나님의 직접적인 음성으로 우리에게 계시된 것이 아니라, 인간의 해석이 적용된 상태로 기록되어 전해진 것입니다. 성경의 기자(記者)들은 인간에게 하나님의 생각과 감정과 의지를 정확하게 전달하기 위해, 인간의 화법(話法)을 가지고 하나님의 말씀을 기록하기도 했습니다. 그래서 성경 속에는 두 개의 관점이 교차하면서 하나님의 구원 역사가 서술됩니다. 불변하는 하나님의 관점과 불변하는 하나님의 뜻을 바라보는 인간의 관점이 함께 나타나는 것입니다.

그러므로 본문에서 하나님이 아브라함을 시험하셨다고 말하는 것은, 하나님이 실제로 그렇게 말씀하셨기 때문이 아닙니다. 이해를 돕기 위해 인간의 관점에서 이 사건의 의미를 서술하고 있을 뿐입니다.

보다 정확한 이해를 위해, 비유로 말씀드리겠습니다. 해는 언제나 동쪽에서 떠서 서쪽으로 집니다. 그런데 이것은 지구에 살고 있는 우리의 관점에서 볼 때만 해당되는 이야기입니다. 해가 동쪽에서 떠올라 남쪽 하늘 높은 곳에 걸렸다가 서쪽 산 아래로 숨어버리는 것은 인간의 관점에서 본 현상적 사실에 불과합니다. 과학적 사실에 따르면 지구가 태양 주위를 돌고 있습니다. 그러므로 태양이 매일 아침 지구의 동쪽 끝에서 나와 서쪽 끝으로 사라진다는 인간의 생각은 태양 입장에서 보면 우습기 그지없을 것입니다. 객관적인 사실은, 태양이 움직인 것이 아니라 지구가 팽이처럼 자전하며 태양 둘레를 공전하고 있는 것입니다.

하나님은 인간을 시험하지 않으십니다. 그리고 이것은 아브라함의 경우도 마찬가지입니다. 사실 창세기 문맥만 세심하게 읽어봐도 이 명령이 아브라함에게 시험이 된 것은, 하나님이 그를 시험하고자 하셨기 때문이 아니라 아브라함이 스스로 자기 욕심에 끌려 미혹되었기 때문임을 알 수 있습니다. 이삭은 전적으로 하나님이 주신 아들이었습니다. 아브라함 역시 이 사실을 인지하고 있었습니다. 하나님은 몇 번이나 아들을 주겠다는 약속을 주셨지만, 아브라함과 사라는 그 약속을 신뢰하지 않았습니다.

"아브라함이 엎드려 웃으며 마음속으로 이르되 백 세 된 사람이 어찌 자식을 낳을까 사라는 구십 세니 어찌 출산하리요"(창 17:17).

"아브라함과 사라는 나이가 많아 늙었고 사라에게는 여성의 생리가 끊어졌는지라 사라가 속으로 웃고 이르되 내가 노쇠하였고 내 주인도 늙었으니 내게 무슨 즐거움이 있으리요"(창 18:11-12).

그러나 하나님의 약속은 이루어졌고 아브라함은 100세에 아들을 낳았습니다. 자연적으로는 도저히 일어날 수 없는 일이 일어난 것입니다. 아브라함은 이삭을 볼 때마다 '저 아이는 하나님이 주셨기에 얻은 아들이다'라는 생각을 하지 않을 수 없었을 것입니다. 그런데 그 아들을 때가 되어서 하나님이 도로 데려가겠다고 하십니다.

이것은 다음 상황과 똑같습니다. 친한 친구가 거액의 돈을 맡겼습니다. 무슨 이유인지 은행에 넣지 말라고 하여, 5만 원권 지폐 다발들을 상자에 담아 지하실에 두었습니다. 이때 며칠 지나지 않아 그 친구가 다시 와 돈다발을 찾아간다면 시험에 들 필요 없이 금방 내줄 수 있을 것입니다. 그런데 세월이 많이 흘러도 그 친구가 찾으러 오지 않습니다. 들리는 이야기로는 그 친구가 외국에 나갔다고도 하고, 사고를 당해 죽었다고도 합니다. 슬슬 그 돈을 꺼내다 쓰기 시작합니다. 세월이 더 지나자 그 친구는 돌아오지 않을 거라는 확신이 들면서 어떻게 하면 그 돈을 잘 쓸 수 있을까 궁리하게 됩니다. 노후를 보낼 전원주택을 짓기로 결심하고 땅을 보러 다닙니다. 근사한 농장을 만들 계획으로 꿈에 부풀었습니다. 그런데 그 친구에게서 전화가 옵니다. 내일 트럭을 가지고 와서 맡겨 둔 돈을 찾아가겠다는 것입니다. 이제는 그 돈을 돌려주는 일이 시험 거리가 됩니다. 자기 욕심에 이끌려 미혹되었기 때문입니다. 그 돈은 내 것이 아니라는 생각이 그 돈을 맡던 그날처럼 분명했다면 이 일은 결코 시험이 되지 않았을 것입니다. 오히려 그동안 도둑맞을까 신경이 쓰여 잠도 편히 못 잤는데, 이제 다리를 쭉 뻗고 자겠다며 환영할 것입니다.

사람 마음은 참 간사합니다. 어제 진 외상값을 갚을 때는 그렇지 않은데, 잊어버리고 있던 10년 전 외상값을 갚을 때는 왠지 강탈당하는 느낌이 듭니다. 아브라함 역시 그러했습니다. 독자 이삭을 처음 받았을 때는 하나님이 주셔서 낳은 아들임을 깊이 인식하고 있었습니다. 그래서 오히려 이삭의 존재로 인해 하나님을 더욱 깊이 신뢰하며 사랑했습니다. 그런데 시간이 흐르자 이삭을 향한 사랑이 커져서 하나님께 드려야 할 사랑까지 위협할 정도가 되었습니다. 그래서 하나님은 "네 아들 네가 사랑하는 독자 이삭"이라는 뼈 있는 말씀을 하십니다. 하나님이 보시기에도 아브라함이 이 독자 이삭을 당신 못지않게 사랑하는 것으로 느껴지신 것입니다.

신앙이란 자신의 것과 남의 것, 인간의 것과 하나님의 소유를 정확히 구별하는 데에서 시작됩니다. 이것이 신앙의 깊이와 양심의 맑기를 결정합니다. 내 것이 아닌 것은 세월이 아무리 흘러도 내 것이 아닙니다. 더욱이 그것이 하나님의 소유일 때는 우리가 그것을 우리의 것처럼 누리고 있기에 소유 의식이 불분명할 때가 많습니다. 그러나 그것이 사람을 시험에 들게 하는 원인이 됩니다.

　월급을 100만 원 탈 때는 십일조 하는 것이 그렇게 힘들지 않습니다. 그러나 월 수입이 3,000만 원이 되면, 십일조가 부담스럽게 느껴집니다. 비율은 똑같아도 금액이 다르면 다르게 느껴지는 것입니다.

　예전에 어느 목사님 설교에서 이런 일화를 들었습니다. 잘 나오던 교인이 어느 날부터 교회에 나오지 않았습니다. 그래서 심방을 가서 이유를 물었습니다. 그러자 이런 저런 이유들을 늘어놓으며 변명을 하는데 아무리 들어도 그것들이 교회에 나오지 않는 핵심적인 이유는 아닌 것 같았습니다. 그래서 단호하게 핑계대지 말고 진짜 이유를 말씀하시라고 했답니다. 그러자 그 교인은 한숨을 한 번 푹 쉬더니 이렇게 말했다고 합니다.

　"목사님도 생각을 한 번 해보십시오. 한번 예배드리는 데 250만 원씩 낼 수 있습니까?"

　알고 보니, 처음 교회에 올 때는 도산 직전이던 사업이 하나님을 믿고 나서는 성장일변도로 전환되어 한 달에 순수익이 1억 가까이 나오게 된 것입니다. 결국 그 교인은 천만 원 십일조 내는 것이 너무나 힘들어 예배에 차마 나오지 못했던 것입니다. 그래서 목사님은 그 교인의 손을 잡고 말했답니다.

"우리 같이 기도합시다. 하나님이 너무 많이 복을 주셔서 십일조가 많아져 힘들어하니, 하나님께서 조정해 주시기를⋯."

그러자 그 교인은 얼른 손을 빼며 "알았습니다. 앞으로는 빠지지 않고 교회에 나가겠습니다" 하더랍니다.

인간이 하나님과 자신 사이에 있는 소유의 경계를 자기 마음대로 넘나들기 때문에 이런 일들이 일어납니다. 하나님의 소유와 자신의 소유가 각각 무엇인지를 얼마나 인식하고 있고, 그 경계가 얼마나 분명한지를 보면 그 사람의 신앙의 깊이를 알 수 있습니다. 엄밀한 의미에서 우리의 소유라고 할 수 있는 것은 죄밖에 없습니다. 아우구스티누스의 말처럼 '죄를 제외하고는 전적으로 우리의 것이라고 할 수 있는 것이 없다'(*Nemo habet de proprio, nisi peccatum*)는 것입니다. 우리의 생명을 포함한 우리가 누리는 모든 것이 하나님의 것입니다. 그러므로 무엇이든 하나님이 도로 찾으시려 할 때 결코 섭섭하게 생각해선 안 됩니다. 오히려 다음의 찬송에 합당한 삶을 살아야 합니다.

이 생명도 달라시면
십자가에 놓겠으니

물론 이러한 삶은 자기 마음을 찢는 자기부인과 피를 쏟는 헌신이 있어야 가능합니다. 그러나 어려워도 이것이 올바른 그리스도인의 삶입니다. 소유의 경계가 분명한 이상, 이것을 무시하고 탐하는 것은 그 자체로 악(惡)입니다.

친구가 찾아와 돈을 돌려 달라는데 "내가 20년 동안이나 갖고 있었는데, 매일 열어 보고 만지작거리던 것들인데, 맡기자마자 찾아가야지 왜 이제야 나타나 돌려 달라는 거야?" 하는 것은 원래 주인으로서는 얼토당토 않는 말입니다.

우리가 겪는 모든 시험은 소유의 경계가 불분명한 데서 생겨납니다. 분명한 소유의 경계가 있는데, 그것을 자기 좋을 대로 옮겨놓고, 자기 것이라 생각하는 것입니다. 우리가 아무리 많은 은혜를 받아도 소유에 대한 개념이 정확하지 않으면 계속 시험에 듭니다. 내 것이 아닌 것은 내 것이 아니라고 인정해야 하는데, 자기 욕심에 미혹되어 내 것이 아닌 것에 지나치게 집착하면 필연적으로 시험에 들 수밖에 없습니다. 그러므로 시험에 들었을 때는 다음과 같은 태도가 반드시 필요합니다.

"하나님은 항상 옳고 저는 언제나 틀립니다."

하나님이 나에게 너무하시는 것 같고, 하나님의 요구가 부당해 보이더라도, 그것을 털어 내야 합니다. 하나님께 섭섭한 마음을 갖는 것은 우리 인생의 문제를 해결하는 데 아무런 도움이 되지 않습니다. 이것은 모두 불신앙으로 우리의 판단이 흐려져 있기 때문임을 자각하며, 하나님의 선하심을 인정해야 합니다. 섭섭한 마음을 품고 드리는 기도가 하나님께 올려지겠습니까? 앙칼진 마음이 들어간 섬김이 하나님께 열납되겠습니까?

아무튼 그리하여 아브라함은 이삭을 데리고 모리아 땅으로 갔습니다. 성경이 "아침에 일찍이 일어나"(창 22:3)라고 말하고 있는 것으로 보아, 아브라함은 지체하지 않고 하나님의 명령을 실행에 옮겼던 것 같습니다. 마음은 비감하였으나, 아브라함은 더 이상 사람의 꾀로 상황을 모면하려 하지 않았습니다. 그래서 번제를 올릴 준비를 하고 하나님이 일러 주신 곳으로 출발했습니다.

이윽고 3일이 지나 아브라함 일행이 모리아 땅에 도착합니다. 아브라함은 따르던 두 종과 나귀를 산 아래 남겨 둔 채, 이삭만 데리고 산을 오릅니다. 그때 이삭이 묻습니다.

"불과 나무는 있거니와 번제할 어린 양은 어디 있나이까"(창 22:7).

하나님의 명령을 실현해야 할 때가 이르고 있음을 느끼며 아브라함은 대답합니다.

"내 아들아 번제할 어린 양은 하나님이 자기를 위하여 친히 준비하시리라"(창 22:8).

아브라함의 순종도 놀랍지만 이삭 역시 대단합니다. 이 질문 이후로, 이삭은 더 이상 아무것도 묻지 않습니다. 나무를 지고 산을 오를 정도로 장성한 이삭에게 노쇠한 아버지를 제압할 힘이 없었겠습니까? 그러나 그는 아버지가 결박하는데도, 제단 나무 위에 자신을 놓는데도, 가만히 따릅니다. 결국 아브라함은 칼을 들고 이삭을 죽이려 합니다. 아브라함은 단지 이삭을 죽일 시늉만 한 것이 아니라 정말 죽일 결심으로 칼을 들었습니다. 그는 하나님이 만류하실 것이라는 사실을 알지 못했습니다. 아니, 기대하지도 않았습니다. 그가 믿은 것은 약속하신 바를 이루시는 하나님 자신이었습니다.

> "아브라함은 시험을 받을 때에 믿음으로 이삭을 드렸으니 그는 약속들을 받은 자로되 그 외아들을 드렸느니라 그에게 이미 말씀하시기를 네 자손이라 칭할 자는 이삭으로 말미암으리라 하셨으니 그가 하나님이 능히 이삭을 죽은 자 가운데서 다시 살리실 줄로 생각한지라 비유컨대 그를 죽은 자 가운데서 도로 받은 것이니라"(히 11:17-19).

우리는 여기서 자기 욕심에 끌려 미혹되었던 아브라함의 마음이 제자리를 찾은 것을 보게 됩니다. 이삭은 사랑스러운 아들이지만, 하나님보다 더 사랑할 대상은 아님을 깨달은 것입니다. 하나님 역시 아브라함의 이 믿음을 확인하셨습니다. 그래서 하나님은 아브라함이 기대한 이상의 행동, 즉 죽은 이삭을 살리시는 것이 아니라 아예 그 이삭을 죽이지 못하도록 막으시는 놀라운 은혜를 베풀어 주셨습니다.

하나님의 두 가지 보심

그런데 여기서 우리는 이해하기 힘든 하나님의 말씀을 만납니다.

> "네가 네 아들 네 독자까지도 내게 아끼지 아니하였으니 내가 이제야 네가 하나님을 경외하는 줄을 아노라"(창 22:12).

문장 그대로 해석하면, 하나님이 아브라함이 하나님을 경외하는지 그렇지 않은지를 아들을 죽이려고 하기 전까지는 잘 모르셨다가, 아들을 아끼지 않고 죽이려는 것을 보고 나서야 알게 되었다는 의미 같습니다. 그러나 이것은 하나님의 보심에는 두 가지 차원이 있다는 사실을 염두에 두지 않았기에 나온 그릇된 해석입니다. 하나님이 이 세상에 있는 모든 사물을 바라보시는 '보심'에는 두 가지 차원이 있습니다.

단순한 보심

첫째로, 하나님의 존재 양태 그대로 바라보시는 '단순한 보심'입니다. 하나님은 시간과 공간을 초월하는 무한하고 영원하신 분입니다. 그래서 어떤 사물이나 사건을 보실 때도 시공간이나 인과 관계에 매이지 않고 단번에 모든 것을 파악하실 수 있습니다.

인간의 봄은 시간적 한계와 공간적 한계에 제약을 받지만, 하나님의 보심은 그 어떤 것에도 방해를 받지 않습니다. 감추어지는 것 없이 모든 것을 한 번에 보실 수 있는 것입니다.

비유를 하자면 이렇습니다. 강원도 영서 지방과 영동 지방을 연결하는 대표적인 고갯길이 대관령입니다. 대관령은 '아흔아홉 구비 고갯길'이라는 별명으로도 알 수 있듯이 굽잇길이 많습니다. 예전에 그 대관령 옛길을 운전한 적이 있는데, 그때 정확히 일흔일곱 번을 커브를 돌아서 그 고개를 넘었습니다. 길이 워낙 굽이 굽이 나 있다 보니 앞 차의 모습이 수도 없이 보였다 사라졌다를 반복합니다. 모퉁이를 돌기 전까지는 보이던 차가 산모퉁이를 넘어가면 안 보이는 것입니다. 그 모퉁이 뒤에 무엇이 있는지, 그 모퉁이를 돌기 전까지는 알 수 없습니다. 그런데 이것은 자가용으로 그 고개를 넘을 때의 이야기입니다.

경비행기를 타고 그 고개를 넘어간다고 가정해 봅시다. 위에서 내려다보면 앞에 가는 차, 뒤따르는 차, 이미 고개를 다 넘은 차, 이제 막 고개에 들어서는 차가 한꺼번에 다 보입니다. 각 모퉁이 뒤에 숨겨진 상황도 한눈에 파악이 됩니다. 하나님의 보심도 이러합니다. 우리의 봄과는 차원이 다른 것입니다.

하나님은 아브라함에게 아들을 바치라는 명령을 내리실 때 이미 그의 반응을 아셨습니다. 아브라함이 아낌없이 이삭을 번제물로 올릴 줄로 아셨던 것입니다. 이것이 하나님의 단순한 보심입니다.

시간적 보심

둘째로, 인간과 교통하기 위해 인간의 지각 수준에서 바라보시는 시간적 보심입니다. 만약 하나님이 시간을 초월해서 한 번에 보시는 방식으로만 상황을 파악하는 분이라면 인간과 교통할 수 없을 것입니다. 이해를 돕기 위해 예를 들어 설명하겠습니다. 어떤 사람이 하나님께 반항하고 불순종하며 살았습니다. 그런데 어느 날 설교 말씀을 듣고 깊이 깨달아서 회개하게 되었습니다. 더 이상은 이렇게 살 수 없다고 결단하고 인생의 잘못된 부분들을 바로잡았습니다. 그리고 예배를 드리는데, 마음이 그렇게 좋을 수가 없습니다. 하나님이 기뻐하시는 것이 느껴지는 것입니다.

그런데 생각해 보십시오. 하나님께서 그가 그렇게 다시 돌아올 줄 모르셨을까요? 다 알고 계셨을 텐데도 하나님은 마치 예상 외의 큰 선물을 받은 것처럼 기뻐해 주십니다. 반대의 경우도 마찬가지입니다. 신앙에서 미끄러져 침륜에 빠진 사람이 있다고 합시다. 지금은 잠시 넘어져 있을 뿐, 곧 다시 신앙을 회복하고 결국은 하나님께 돌아올 사람임을 하나님도 모르시지는 않습니다. 그러나 마치 그러한 결말을 알지 못하시는 것처럼 하나님은 그의 상태를 한없이 안타까워하고 가슴 아파하십니다.

제가 신학 공부를 시작할 때의 일입니다. 아버지께 신학교에 가 겠다고 하자 아버지는 호적을 파서 나가라고 하셨습니다. 장남이 안정된 직장 생활을 버리고 뒤늦게 신학교에 간다고 하니 실망이 크셨던 것입니다. 한창 아버지와 갈등을 겪고 있는 상황에서 기 도를 하기 위해 교회에 갔는데, 예배당에 들어서자마자 서러움이 물밀듯 밀려왔습니다. 아버지와 특별한 정과 사랑을 나누던 사이 는 아니었지만, '아! 나를 낳아 준 아버지도 내가 예수님을 따라간 다고 하니 나를 버리시는구나' 하는 생각이 들면서 복음사역자로 살아가는 삶이 결코 쉽지 않을 것이라는 예감이 들었습니다. 그러 나 마음 한편으로는 '주님! 그러나 저는 무슨 일이 있어도 이 소 명을 지키겠습니다. 어떤 가슴 아픈 일을 만나게 된다 해도 하나 님 앞에 변함없이 충성하겠습니다'라는 결단이 솟아났습니다. 그 렇게 기도를 마쳤는데, 마음에 놀라운 위로가 주어졌습니다. 그러 면서 저도 모르게 이런 찬송이 나왔습니다.

주께서 내 길 예비하시네
주께서 내 길 예비하시네
이제 하루하루를 주를 위해 살리라
주께서 내 길 예비하시네

그때처럼 하나님 아버지라는 말이 가슴 아리게 다가온 적이 없습니다.

'아, 하나님만이 내 아버지시구나.'

그러면서 제가 어려움과 박해 속에서도 하나님께 순종하며 목회의 길을 걸어가겠다고 결단한 것을 하나님이 기뻐하시는 것이 느껴졌습니다. 단번에 모든 것을 파악하시고, 영원 전부터 영원 끝까지 모든 것을 아시는 하나님이 제가 목회의 길을 걷게 되리라는 사실을 그때서야 아셨겠습니까? 이미 알고 있는 바를 이야기해 주는데, 손뼉 치며 기뻐할 사람은 없습니다. 그러나 하나님은 모르는 것이 없으신 분임에도 불구하고 시간적 보심 속에서 우리와 함께 웃고 우리와 함께 눈물을 흘리십니다.

우리가 하나님의 기쁨과 슬픔을 공유할 수 있는 것은 하나님이 단순한 보심뿐 아니라 시간적 보심으로도 상황을 보시기 때문입니다. 시간적 보심이 없다면 하나님이 우리의 결단과 어떤 행위를 바라보며 즐거워하거나 슬퍼하시는 것을 우리가 함께 경험할 수 없습니다. 그리고 이러한 경험이 없다면 우리는 하나님의 기쁨을 따라 살아갈 때 느끼는 행복과 즐거움, 또는 하나님을 슬프시게 할 때 느끼는 고통과 번민도 가질 수 없습니다. 이렇게 하나님이 인간과 교통하기 위해 견지하시는 보심의 방법이 시간적 보심입니다. 본문에 나타난 "내가 이제야 네가 하나님을 경외하는 줄을 아노라"(창 22:12)의 보심은 하나님의 시간적 보심입니다. 하나님의 예상을 깨뜨리는 일이 발생했기에 놀라시는 것이 아니라, 이미 알고 계셨지만 그것이 실제로 고백되었기에 더할 수 없는 기쁨으로 반응해 주시는 것입니다.

하나님은 우리의 마음과 영혼의 털끝만 한 흔들림까지도 파악하고 계십니다. 따라서 하나님 관점에서는 예상 외의 행동이나 태도라는 것이 있을 수 없습니다. 그러나 하나님은 사람의 마음속에 있던 무언가가 시간과 공간 속에 표출되어 나올 때, 예상한 결과라고 당연하게 받아들이시지 않습니다. 이미 알고 있던 사실이지만, 그것이 실제로 표현될 때 하나님께 또 다른 기쁨과 슬픔으로 다가오게 되는 것입니다.

요즘 젊은 사람들은 결혼할 때 으레 어떤 이벤트를 하며 프러포즈를 하는 것 같습니다. 사실 멋진 프러포즈를 받아야 비로소 여자들이 '아, 저 남자가 나와 결혼하고 싶어 하는구나!' 깨닫는 것은 아닙니다. 그 전에 이미 그의 마음은 알고 있었습니다. 그러나 그것이 실제 그의 입에서 고백되고, 어떤 이벤트를 통해 표현될 때 새삼 커다란 기쁨으로 마음에 다가옵니다. 평소 안 가던 근사한 레스토랑이나 공연장으로 나오라고 할 때 이미 여자들은 감을 잡습니다. 음악이 나오고, 꽃다발이 들어오면 이미 압니다.

'이 사람이 나에게 청혼을 하려고 하는구나!'

그러나 알면서도 막상 그 고백을 들으면 '울컥' 하며 감동이 솟구칩니다. 하나님의 시간적 보심의 마음을 단편적으로나마 인간도 알고 있는 것입니다.

"그 일 후에 하나님이 아브라함을 시험하시려고 그를 부르시되 아브라함아 하시니 그가 이르되 내가 여기 있나이다 여호와께서 이르시되 네 아들 네 사랑하는 독자 이삭을 데리고 모리아 땅으로 가서 내가 네게 일러 준 한 산 거기서 그를 번제로 드리라 아브라함이 아침에 일찍이 일어나 나귀에 안장을 지우고 두 종과 그의 아들 이삭을 데리고 번제에 쓸 나무를 쪼개어 가지고 떠나 하나님이 자기에게 일러 주신 곳으로 가더니 제삼일에 아브라함이 눈을 들어 그곳을 멀리 바라본지라 이에 아브라함이 종들에게 이르되 너희는 나귀와 함께 여기서 기다리라 내가 아이와 함께 저기 가서 예배하고 우리가 너희에게로 돌아오리라 하고 아브라함이 이에 번제 나무를 가져다가 그의 아들 이삭에게 지우고 자기는 불과 칼을 손에 들고 두 사람이 동행하더니 이삭이 그 아버지 아브라함에게 말하여 이르되 내 아버지여 하니 그가 이르되 내 아들아 내가 여기 있노라 이삭이 이르되 불과 나무는 있거니와 번제할 어린 양은 어디 있나이까 아브라함이 이르되 내 아들아 번제할 어린 양은 하나님이 자기를 위하여 친히 준비하시리라 하고 두 사람이 함께 나아가서 하나님이 그에게 일러 주신 곳에 이른지라 이에 아브라함이 그곳에 제단을 쌓고 나무를 벌여 놓고 그의 아들 이삭을 결박하여 제단 나무 위에 놓고 손을 내밀어 칼을 잡고 그 아들을 잡으려 하니 여호와의 사자가 하늘에서부터 그를 불러 이르시되 아브라함아 아브라함아 하시는지라 아브라함이 이르되 내가 여기 있나이다 하매 사자가 이르시되 그 아이에게 네 손을 대지 말라 그에게 아무 일도 하지 말라 **네가 네 아들 네 독자까지도 내게 아끼지 아니하였으니 내가 이제야 네가 하나님을 경외하는 줄을 아노라** 아브라함이 눈을 들어 살펴본즉 한 숫양이 뒤에 있는데 뿔이 수풀에 걸려 있는지라 아브라함이 가서 그 숫양을 가져다가 아들을 대신하여 번제로 드렸더라 아브라함이 그 땅 이름을 여호와 이레라 하였으므로 오늘날까지 사람들이 이르기를 여호와의 산에서 준비되리라 하더라 여호와의 사자가 하늘에서부터 두 번째 아브라함을 불러 이르시되 여호와께서 이르시기를 내가 나를 가리켜 맹세하노니 네가 이같이 행하여 네 아들 네 독자도 아끼지 아니하였은즉 내가 네게 큰 복을 주고 네 씨가 크게 번성하여 하늘의 별과 같고 바닷가의 모래와 같게 하리니 네 씨가 그 대적의 성문을 차지하리라 또 네 씨로 말미암아 천하 만민이 복을 받으리니 이는 네가 나의 말을 준행하였음이니라 하셨다 하니라"

창 22:1-18

하나님이 우리에게 요구하시는 것이 무엇인가?

그러므로 이 아브라함의 사건을 통해서 우리가 얻어야 할 교훈은 순종으로 고백하는 신앙의 중요성입니다. 본문 말씀을 통해 우리는 다음과 같은 깨달음을 얻게 됩니다. 인생의 밤을 끝내고, 동터 오는 감격의 새벽을 맞이하기 위해서는 하나님의 세 가지 요구에 순종해야 한다는 것입니다. 그 세 가지 요구는 다음과 같습니다.

최선의 것을 요구하신다

첫째로, 하나님은 언제나 우리에게 최선의 것을 요구하십니다. 아브라함이 소중하게 여기던 것은 이삭만이 아니었습니다. 그러나 아브라함의 모든 소유 중에 아브라함이 가장 중요하게 생각하고 아끼던 것은 이삭이었습니다. 만약 하나님이 아브라함에게 소 천 마리 또는 양 5천 마리를 요구하셨다면 어땠을까요? 아브라함은 크게 동요하지 않고 하나님의 명령대로 가축들을 잡아 지상 최대의 번제를 올려 드렸을 것입니다. 재산이 줄어드는 것이 즐겁지야 않았겠지만, 그렇다고 그것이 시험이 되지는 않았을 것입니다. 그러나 하나님은 그렇게 요구하지 않으셨습니다. 아브라함이 바칠 수 있는 최선의 것은 그것이 아니었기 때문입니다.

다윗은 범죄하고 난 후, 제사로 자신의 문제를 해결해 보려 했습니다. 그에게는 그를 위해 제사를 드려 줄 제사장도 있었고, 제물로 삼을 재산도 많았습니다. 그러나 하나님이 그에게서 바라신 것은 제사가 아니었습니다.

> "주께서는 제사를 기뻐하지 아니하시나니 그렇지 아니하면 내가 드렸을 것이라 주는 번제를 기뻐하지 아니하시나이다 하나님께서 구하시는 제사는 상한 심령이라 하나님이여 상하고 통회하는 마음을 주께서 멸시하지 아니하시리이다"(시 51:16~17).

아마도 구약 시대의 사람들은 이 고백을 듣고 큰 충격을 받았을 것입니다. 하나님을 기쁘게 해 드리기 위해 올리는 것이 제사인데, 하나님이 제사를 안 기뻐하신다니 말입니다. 그러나 하나님이 다윗의 제사를 기뻐 열납하지 않으신 것은 그것이 최선의 것이 아니었기 때문입니다. 하나님께서 밧세바와 동침하는 죄악을 범한 다윗에게 요구하신 최선의 것은 마음을 깨뜨려 하나님께 바치는 일이었습니다. 그것이 바로 상한 심령, 통회하는 마음입니다.

하나님이 인생의 어두운 밤을 지나고 있는 당신에게 원하시는 것도 최선의 것입니다. 자신의 삶을 돌아보십시오. 최선의 것은 감추고 최선의 것이 아닌 것을 하나님께 드리면서 살지는 않았습니까? 그러면서 '내가 이렇게 봉사하고 저렇게 섬겼는데…'라고 하나님께 이야기하지는 않았습니까?

우리를 향한 하나님의 요구는 언제나 최선의 것입니다. 아브라함에게 최선의 것은 100세에 낳은 아들 이삭이었습니다. 그래서 하나님은 그것을 아브라함에게 요구하셨습니다.

아브라함은 이 사건 이후로 결코 소유의 경계를 넘는 우(愚)를 범하지 않았을 것입니다. 즉 하나님께서 이렇게 받지도 않을 제사를 명령하시며 아브라함의 마음을 녹이신 것은 아브라함을 위해서였습니다. 이 사건이 있었기에, 아브라함은 아들 이삭을 바른 사랑으로 사랑할 수 있었던 것입니다.

최종적인 사랑을 요구하신다

둘째로 하나님은 최종적 사랑을 요구하십니다. 왜 하나님은 아들 이삭을 지정하여 바치게 하셨을까요? 멀리 떠나보낸 이스마엘도 아브라함의 가슴에 아픈 가시처럼 박힌 사랑하는 아들이었고, 이삭보다 더 오랜 세월을 함께 동고동락(同苦同樂)하며 갖은 정이 든 아내 사라도 있었습니다. 그들을 바치라고 했어도 아브라함은 마음의 동요를 느꼈을 것입니다. 그러나 그들은 아브라함의 최종적 사랑이 아니었습니다. 하나님이 보시기에 이삭을 향한 아브라함의 사랑은 위험수위에 도달해 있었습니다. 하나님으로 하여금 아브라함의 하나님을 향한 경외의 마음을 쇄신시켜야겠다고 생각하시게 할 정도로 그 아들에게 깊이 빠져 있었던 것입니다.

인간의 마음속에서 최종적인 사랑을 받을 수 있는 대상은 오직 하나님뿐입니다. 그러나 아브라함의 마음속에서는 사랑하는 독자 이삭이 하나님과 함께 최종적인 사랑을 다투고 있었습니다. 사실 올바로 사랑했더라면 이삭의 존재는 아브라함에게 놀라운 은혜의 통로로 작용했을 것입니다. 이삭을 볼 때마다 '아무것도 아닌 나를 하나님께서 선택하시어 여러 민족의 아버지가 되게 하겠다고 약속해 주셨다. 100세에 낳은 이 아이가 그 약속의 증거다'라고 생각하며 하나님께 더 가까이 다가가고 하나님을 더 많이 사랑하게 되었을 것입니다.

그러나 이삭을 향한 사랑이 지나치게 깊어져 하나님의 영광을 위해 주신 아들 이삭이 아니라 이삭을 위해 일하시는 하나님으로 전락할 정도였습니다. 잘못된 사랑이 사랑의 올바른 질서를 허물고 있었던 것입니다. 이 때문에 하나님께서 최종적 사랑인 이삭을 아브라함에게 요구하셨습니다.

그 자체로는 악한 것이 아닐지라도 그것이 우리 마음속에서 하나님과 최종적 사랑을 다투고 있다면 그것은 죄입니다. 그리스도인이 인생의 벼랑 끝까지 내몰리게 되는 이유는 대부분 하나님 사랑의 올바른 질서가 허물어졌기 때문입니다. 자신의 행복, 물질의 풍요, 세상의 명예 등이 최종적인 사랑이 되는 한 인생의 어두운 밤은 끝나지 않습니다. 잠시 빛이 보이는 것 같다가도 다시 어둠 속으로 들어가고, 잠시 상황이 호전되는 것 같다가도 다시 더 나쁜 상황으로 들어가고 마는 일이 반복될 뿐입니다. 우리가 우리의 마음속 최종적 사랑이던 것을 하나님 앞에 내려놓고 하나님을 다시 그 최종적 사랑의 자리로 올려 드리지 않는 한, 말씀의 은혜를 받아도 갑자기 상황이 호전되어도, 그것은 잠시 폭풍을 잠재운 땜질에 불과합니다. 잠시는 벗어나는 것 같아도 이내 또 다른 벼랑 끝으로 몰리게 되는 것입니다.

회개가 무엇입니까? 하나님보다 나를 더 사랑하던 것을 인정하고 깨뜨려지는 것입니다. 아브라함에게 최종적 사랑은 이삭이었지만, 오늘날 대부분의 그리스도인들에게 최종적 사랑은 자기 자신입니다. 하나님을 따르는 삶은 자기 자신을 배반하는 데서 시작됩니다. 뿌리 깊은 자기 사랑과 결별하는 것이 회개입니다. 한번 이렇게 자신에게 질문해 보십시오.

'내가 인생의 벼랑 끝에 내몰리기까지 너한테만 순종했는데, 대

체 너는 나를 어디로 데려가려고 하느냐!'

당신은 아마 아무 대답도 들을 수 없을 것입니다. 왜냐하면 하나님을 향하여 가는 사람에게는 목표가 있지만 하나님을 떠나는 사람에게는 목표가 없기 때문입니다.

'하나님께만 아니면 어디든 좋다!'

이것이 불신앙의 자아가 우리를 이끄는 궁극적인 귀결입니다.

그러므로 자아를 향해 과감하게 결별을 선언하십시오. 나의 생각보다는 하나님의 생각을, 나의 뜻보다는 하나님의 뜻을, 내가 좋아하는 것보다는 하나님께서 기뻐하시는 것을 택하십시오. 이것이 최종적 사랑은 하나님임을 확고히 하는 삶입니다. 이것이 없이는 기도도 허공을 치는 기도일 수밖에 없습니다.

순종을 요구하신다

셋째로, 하나님은 순종으로 방황을 종결하기를 요구하십니다.

사람의 마음속에 생각이 많아지는 두 가지 이유가 있는데, 은혜 받았을 때와 시험에 들었을 때입니다. 은혜를 받으면 밤에 잠을 잘 수가 없습니다. 자려고 누우면 하나님의 아름다움과 고귀한 성품들, 하나님 말씀의 심오한 즐거움들이 불꽃놀이처럼 머릿속을 물들입니다. 반면, 시험에 들었을 때는 부정적인 생각들, 미움과 원망들, 염려와 근심이 스멀스멀 올라와 잠을 쫓습니다.

저는 스물한 살에 회심을 했는데, 제가 다니던 교회는 20~30명의 교인들이 모이던 작은 교회였습니다. 당시 교회 옆에 과자공장이 있었는데, 대부분의 교인이 그 공장의 직원이었습니다. 그들은 공장에서 꼬박 12시간을 서서 일했기 때문에 퇴근 시간이 되면 다리가 퉁퉁 부었습니다. 그러나 그들은 그 부은 다리로 바로 집에 가지 않고 교회에 나왔습니다. 금요기도회는 밤 10시 반부터 찬송을 부르기 시작해서 새벽 3시가 넘어서야 끝났는데, 그러면 그들은 교회 의자에서 쪼그려 자고는 새벽에 바로 공장으로 출근했습니다. 옆에서 보는 제가 걱정이 되어 피곤하지 않느냐고 물어보면, 오히려 금요기도회에 빠지고 집에 가서 자면 이상하게 몸이 더 피곤하다고 대답했습니다.

한 사람이 하나님의 은혜를 받고 있는지 시험에 들어 방황하고 있는지는 얼굴 표정만 보아도 알 수 있습니다. 하나님의 은혜를 누리고 있는 사람에게서는 생기를 느낄 수 있습니다. 그러나 시험에 들어 방황하는 사람의 얼굴에는 근심이 가득하고 한숨이 저절로 나옵니다. 시험에 든 사람들은 생각합니다. 그들을 힘들게 만든 원인이 물질이라면 원 없이 돈을 가져 봤으면 소원이 없겠다 하고, 그들을 힘들게 만든 원인이 인간관계라면 괴롭게 하는 그 사람 없이 살아 봤으면 좋겠다 하고, 그들을 힘들게 만든 원인이 육신의 건강이라면 튼튼한 몸을 가지면 행복할 것이라고 생각합니다. 그러나 그것은 그들이 겪고 있는 시련을 끝내 줄 수 있는 참된 해결책이 아닙니다.

하나님이 사람을 당신 앞에 세우려고 주시는 시련은 이 땅에 있는 자원으로는 해결되지 않습니다. 해결된다면 그것은 하나님의 의도가 좌절된 것입니다. 그러므로 그런 일은 결코 일어나지 않습니다. 지금 시련을 겪고 있다면, 그것이 하나님이 보내신 것은 아닌지 생각해 보십시오. 하나님이 당신을 새롭게 하려고 보내신 시련이라면, 그것을 해결하려고 자원을 쏟아 부어도 상황은 호전되지 않습니다. 자원만 낭비할 뿐입니다. 멈추십시오. 그런 방법으로는 하나님의 시험을 종결할 수 없습니다.

지구에는 중력의 법칙이 작용합니다. 그래서 하늘을 날겠다고 높은 곳에서 뛰어내리면 허공을 가르며 공중을 날아다니는 것이 아니라 땅으로 곤두박질치게 됩니다. 지구 중심에서 중력의 법칙이 작용하여 지구 위에 존재하는 모든 것을 지면으로 끌어당기고 있기 때문입니다. 그러므로 정말 하늘을 날고 싶다면 기류를 이용하여 공중을 날 수 있게 하는 행글라이더 등의 활공기(滑空機)의 도움을 받아야 합니다. 그것이 무겁고 불편하다고 맨몸으로 뛰어내리면 결과는 참혹한 낙상(落傷) 내지는 죽음뿐입니다.

지구 위에서는 결코 중력의 영향에서 벗어날 수 없는 것처럼, 모든 인간은 죄의 영향에서 벗어날 수 없습니다. 그러므로 아무것에도 구속받지 않고, 마음 가는 대로 자유롭게 살겠다는 태도는 죄의 강한 유혹에 자기를 던지는 것과 같습니다. 하나님의 말씀, 예수 그리스도의 복음에 우리 삶을 맞추어 가는 것은 표면적으로는 자유를 버리고 부자유를 선택하는 것 같습니다. 그러나 하나님의 말씀에 붙들려 살 때 비로소 우리는 참된 자유를 누릴 수 있습니다. 우리 안에 내재하는 죄, 우리를 유혹하는 세상의 영향력으로부터 자유로울 수 있는 것입니다.

인간이 겪는 모든 결핍과 방황은 하나님의 말씀에 귀를 기울이고, 그 명령에 순종할 때 끝이 납니다. 아브라함을 보십시오. 그는 순종으로 하나님의 시험을 종결했습니다. 그리고 순종으로 이삭을 향한 과도한 사랑으로 길을 잃고 헤매던 신앙의 방황을 종결했습니다.

방황의 종결자는 언제나 순종입니다. 인간의 방황은 순종함으로써만 끝낼 수 있습니다. 당신이 예배에 나와 아무리 은혜를 받고 깨달음을 얻었다 할지라도 그것이 벼랑 끝에 선 인생을 해결해 주지 않습니다. 방황은 주신 바 은혜를 따라 하나님의 말씀에 순종할 때 종결됩니다.

물론 어떤 경우에는 순종을 해도 지금까지 잘못된 것이 너무나 많기 때문에 아무런 변화도 일어나지 않습니다. 그러나 상관없습니다. 당장은 해결의 실마리가 보이지 않을지라도 지금 순종해야 합니다. 그러면 하나님이 거기서부터 문제를 풀어 가기 시작하십니다.

"그 일 후에 하나님이 아브라함을 시험하시려고 그를 부르시되 아브라함아 하시니 그가 이르되 내가 여기 있나이다 여호와께서 이르시되 네 아들 네 사랑하는 독자 이삭을 데리고 모리아 땅으로 가서 내가 네게 일러 준 한 산 거기서 그를 번제로 드리라 아브라함이 아침에 일찍이 일어나 나귀에 안장을 지우고 두 종과 그의 아들 이삭을 데리고 번제에 쓸 나무를 쪼개어 가지고 떠나 하나님이 자기에게 일러 주신 곳으로 가더니 제삼일에 아브라함이 눈을 들어 그곳을 멀리 바라본지라 이에 아브라함이 종들에게 이르되 너희는 나귀와 함께 여기서 기다리라 내가 아이와 함께 저기 가서 예배하고 우리가 너희에게로 돌아오리라 하고 아브라함이 이에 번제 나무를 가져다가 그의 아들 이삭에게 지우고 자기는 불과 칼을 손에 들고 두 사람이 동행하더니 이삭이 그 아버지 아브라함에게 말하여 이르되 내 아버지여 하니 그가 이르되 내 아들아 내가 여기 있노라 이삭이 이르되 불과 나무는 있거니와 번제할 어린 양은 어디 있나이까 아브라함이 이르되 내 아들아 번제할 어린 양은 하나님이 자기를 위하여 친히 준비하시리라 하고 두 사람이 함께 나아가서 하나님이 그에게 일러 주신 곳에 이른지라 이에 아브라함이 그곳에 제단을 쌓고 나무를 벌여 놓고 그의 아들 이삭을 결박하여 제단 나무 위에 놓고 손을 내밀어 칼을 잡고 그 아들을 잡으려 하니 여호와의 사자가 하늘에서부터 그를 불러 이르시되 아브라함아 아브라함아 하시는지라 아브라함이 이르되 내가 여기 있나이다 하매 사자가 이르되 그 아이에게 네 손을 대지 말라 그에게 아무 일도 하지 말라 네가 네 아들 네 독자까지도 내게 아끼지 아니하였으니 내가 이제야 네가 하나님을 경외하는 줄을 아노라 **아브라함이 눈을 들어 살펴본즉 한 숫양이 뒤에 있는데 뿔이 수풀에 걸려 있는지라 아브라함이 가서 그 숫양을 가져다가 아들을 대신하여 번제로 드렸더라** 아브라함이 그 땅 이름을 여호와 이레라 하였으므로 오늘날까지 사람들이 이르기를 여호와의 산에서 준비되리라 하더라 여호와의 사자가 하늘에서부터 두 번째 아브라함을 불러 이르시되 여호와께서 이르시기를 내가 나를 가리켜 맹세하노니 네가 이같이 행하여 네 아들 네 독자도 아끼지 아니하였은즉 내가 네게 큰 복을 주고 네 씨가 크게 번성하여 하늘의 별과 같고 바닷가의 모래와 같게 하리니 네 씨가 그 대적의 성문을 차지하리라 또 네 씨로 말미암아 천하 만민이 복을 받으리니 이는 네가 나의 말을 준행하였음이니라 하셨다 하니라"

창 22:1-18

하나님이
미리 예비하신다

마지막으로, 우리는 성경 본문을 통해 미리 예비하시는 하나님의 모습을 보게 됩니다.

아브라함의 입장에서 생각해 보십시오. 이삭을 번제물로 요구하신 이유를 깨닫고 나서 그의 마음은 어땠을까요? 자신의 사랑이 올바른 질서에서 벗어나 있었기에, 하나님께서 이삭을 번제로 바치라는 명령을 내리셨음을 깨닫고 한편으로는 한없이 죄스럽고 다른 한편으로는 한없이 감사했을 것입니다. 그리고 이제는 하나님이 시켜서가 아니라 정말 진심에서 우러나와서 하나님을 경배하고자 했을 것입니다.

그런데 불도 칼도 나무도 다 준비되어 있는데 제물이 없습니다. 아마 아브라함은 분명 하나님께서 흠향해 주시기만 한다면, 자신의 목숨이라도 기꺼이 바치고 싶은 심정이었을 것입니다.

그런데 눈을 들어 살펴보니 거짓말처럼 숫양 한 마리가 수풀에 뿔이 걸린 채로 있었습니다. 이것은 하나님의 놀라운 기적 속에서 예비된 제물이지 우연히 일어난 일이 결코 아닙니다. 아브라함이 순종으로 방황을 종결했을 때, 하나님은 그가 생각지도 못한 방법으로 그에게 필요한 것을 예비하셨습니다.

이것은 우리에게도 마찬가지입니다. 우리가 순종으로 신앙의 방황을 종결할 때, 우리가 생각지도 않던 방법으로 하나님께서 우리의 문제를 풀어 주시는 것을 경험하게 될 것입니다.

그런데 인간의 못된 심보는 그것을 먼저 보여 주시면 순종하겠다고 합니다. 그러나 그것은 순종이 아닙니다. 경품 타려고 애쓰는 것이지, 하나님이 받으실 만한 믿음이 아닙니다. 그러므로 우리는 먼저 순종으로 방황을 종결해야 합니다. 그렇게 우리 자신을 하나님께 온전히 맡기면, 하나님은 우리가 전혀 예상하지 못했던 방법으로 우리를 살리십니다.

히브리서의 증언에 의하면, 아브라함은 이삭을 바칠 때 하나님이 능히 죽음에서 저를 다시 살리시리라는 부활 신앙을 갖고 있었습니다. 그러나 하나님은 아브라함의 생각대로 하지 않으셨습니다. 아예 죽이지 못하게 막으셨고, 아브라함이 생각지 못한 방법으로 그 제사를 올리게 하셨습니다. 아브라함이 하나님 앞에 순종하자, 하나님만이 알고 계시던 계획이 이뤄진 것입니다. 이것이 하나님이 일하시는 방법입니다. 구체적으로 어떻게 하실지는 아무도 모릅니다. 그러나 한 가지 사실은 분명합니다. 하나님은 우리의 예상을 뛰어넘어 미리 예비하시는 하나님입니다.

"그 일 후에 하나님이 아브라함을 시험하시려고 그를 부르시되 아브라함아 하시니 그가 이르되 내가 여기 있나이다 여호와께서 이르시되 네 아들 네 사랑하는 독자 이삭을 데리고 모리아 땅으로 가서 내가 네게 일러 준 한 산 거기서 그를 번제로 드리라 아브라함이 아침에 일찍이 일어나 나귀에 안장을 지우고 두 종과 그의 아들 이삭을 데리고 번제에 쓸 나무를 쪼개어 가지고 떠나 하나님이 자기에게 일러 주신 곳으로 가더니 제삼일에 아브라함이 눈을 들어 그곳을 멀리 바라본지라 이에 아브라함이 종들에게 이르되 너희는 나귀와 함께 여기서 기다리라 내가 아이와 함께 저기 가서 예배하고 우리가 너희에게로 돌아오리라 하고 아브라함이 이에 번제 나무를 가져다가 그의 아들 이삭에게 지우고 자기는 불과 칼을 손에 들고 두 사람이 동행하더니 이삭이 그 아버지 아브라함에게 말하여 이르되 내 아버지여 하니 그가 이르되 내 아들아 내가 여기 있노라 이삭이 이르되 불과 나무는 있거니와 번제할 어린 양은 어디 있나이까 아브라함이 이르되 내 아들아 번제할 어린 양은 하나님이 자기를 위하여 친히 준비하시리라 하고 두 사람이 함께 나아가서 하나님이 그에게 일러 주신 곳에 이른지라 이에 아브라함이 그곳에 제단을 쌓고 나무를 벌여 놓고 그의 아들 이삭을 결박하여 제단 나무 위에 놓고 손을 내밀어 칼을 잡고 그 아들을 잡으려 하니 여호와의 사자가 하늘에서부터 그를 불러 이르시되 아브라함아 아브라함아 하시는지라 아브라함이 이르되 내가 여기 있나이다 하매 사자가 이르시되 그 아이에게 네 손을 대지 말라 그에게 아무 일도 하지 말라 네가 네 아들 네 독자까지도 내게 아끼지 아니하였으니 내가 이제야 네가 하나님을 경외하는 줄을 아노라 아브라함이 눈을 들어 살펴본즉 한 숫양이 뒤에 있는데 뿔이 수풀에 걸려 있는지라 아브라함이 가서 그 숫양을 가져다가 아들을 대신하여 번제로 드렸더라 아브라함이 그 땅 이름을 여호와 이레라 하였으므로 오늘날까지 사람들이 이르기를 여호와의 산에서 준비되리라 하더라 여호와의 사자가 하늘에서부터 두 번째 아브라함을 불러 이르시되 여호와께서 이르시기를 내가 나를 가리켜 맹세하노니 **네가 이같이 행하여 네 아들 네 독자도 아끼지 아니하였은즉 내가 네게 큰 복을 주고 네 씨가 크게 번성하여 하늘의 별과 같고 바닷가의 모래와 같게 하리니 네 씨가 그 대적의 성문을 차지하리라 또 네 씨로 말미암아 천하 만민이 복을 받으리니 이는 네가 나의 말을 준행하였음이니라** 하셨다 하니라"

창 22:1-18

하나님이 준비하신 눈부신 새 아침

하나님은 아브라함에게 아무것도 잘못한 것이 없으셨습니다. 우리는 아브라함이 사랑하는 독자 이삭을 번제로 드리라고 하신 하나님의 명령에 대하여 하나님을 비난할 이유가 없습니다. 왜냐 하면 그 아들은 하나님이 기적적인 방법으로 아브라함에게 맡기 신 아들이었기 때문입니다. 처음부터 하나님은 사람을 죽여서 드 리는 제사를 받으실 분이 아니었습니다. 그러므로 이 명령에 대 하여 하나님은 더더욱 비난받으실 이유가 없습니다.

정말 하나님이 죽이고자 하신 것은 아브라함 마음 안에 있는 하나님보다 더 무엇인가를 사랑할 수 있는 가능성이었습니다. 아 브라함은 믿음으로 하나님께 순종했습니다. 그리고 하나님은 그의 믿음을 기쁘게 받으시고 그에게 커다란 복을 내려 주셨습니다. 이에 대하여 성경은 이렇게 말합니다.

> "이르시되 여호와께서 이르시기를 내가 나를 가리켜 맹세하노니 네가 이같이 행하여 네 아들 네 독자도 아끼지 아니하였은즉 내가 네게 큰 복을 주고 네 씨가 크게 번성하여 하늘의 별과 같고 바닷가의 모래와 같게 하리니 네 씨가 그 대적의 성문을 차지하리라 또 네 씨로 말미암아 천하 만민이 복을 받으리니 이는 네가 나의 말을 준행하였음이니라 하셨다 하니라"(창 22:16-18).

하나님은 아브라함을 크게 기뻐하시고 축복의 근원으로 삼으셨습니다. 그러나 이 약속은 이미 아브라함과 하신 약속을 구체적으로 실현하기 위한 갱신이었습니다. 하나님께서 아브라함에게 이미 주신 약속들을 실행하실 것이라는 점을 분명히 하시고, 이러한 언약의 갱신 과정을 통해 아브라함으로 하여금 다시금 영적으로 쇄신하여 하나님만 의지하게 하는 기회로 삼고자 하신 것입니다.

하나님으로부터 사랑하는 아들을 제물로 바치라는 지시를 받았을 때 아브라함은 얼마나 고통스러웠겠습니까? 아마도 그 마지막 밤은 인생에서 가장 어두운 밤이었을 것입니다. 그러나 순종함으로 하나님께 복을 받은 뒤에 맞은 다음날 아침은 얼마나 눈부신 새 아침이었겠습니까?

하나님은 순종하는 사람에게 이러한 복을 주십니다. 당신은 지금 어디에 있습니까? 감당할 수 없는 시험 앞에서 고통받고 있지는 않습니까? 오늘 이 밤이 당신 생애에서 가장 길고 고통스러운 밤은 아닙니까? 당신도 아브라함처럼 눈부신 새 아침을 맞고 싶을 것입니다. 그렇다면 이 시험 속에서 하나님의 약속을 붙드십시오. 그분을 의지하며 그분께만 소망을 두고 시험 가운데 있기 때문에 오히려 더 그분께 순종하기를 다짐하십시오. 하나님은 반드시 당신을 도우실 것입니다.

되새기기

여전히 캄캄한 인생의 밤바다 위에 있습니까? 그러면 이제, 신앙의 닻을 하나님을 향해 던져 보십시오. 하나님이 가라고 하시는 대로 노를 저어서 저 깊은 데로 가 보십시오. 물론 그렇게 순종하는 것은 쉬운 일이 아닙니다. 우리가 본성적으로 좋아하거나 편하게 생각하는 일, 안전하다고 느끼는 일을 하는 것을 두고 순종이라고 말하지 않습니다. 순종은 자신의 본성을 꺾고 무언가 희생을 지불하면서까지 하나님의 뜻을 따르는 믿음의 반응입니다.

당장은 하나님이 가라고 하시는 방향이 불합리하게 느껴질 수도 있습니다. 그러나 그것은 믿음으로 하나님을 바라보지 못한 채, 자신이 지불해야 할 희생에만 시선이 묶여 있기 때문입니다. 이런 근시안적인 생각으로는 순종 자체에서 오는 기쁨은 물론, 하나님께서 그 순종 뒤에 예비하신 축복도 누릴 수 없습니다.

하나님의 뜻에 순종하는 것만이 어두운 밤바다 위에서 방황하는 당신의 인생을 종결하는 방법입니다. 하나님은 순종으로 방황을 종결하는 당신의 자녀들을 반드시 지켜 주실 것입니다. 이 믿음으로 하나님께 기쁨으로 순종하는 삶을 살아가기를 바랍니다.

교회에 출석하고 있다는 것만으로 만족하는 그대에게

알베르트 슈바이처 박사는 이런 말을 남겼습니다.

"교회에 다닌다고 해서 자신이 그리스도인라고 믿는다면 그것은 착각이다. 차고에 있다고 해서 우리가 자동차가 되는 것이 아니니까."

그러면 대체 그리스도인을 그리스도인이게 하는 것은 무엇일까요? 두말할 것도 없이 하나님 아버지를 향한 사랑입니다.

그러나 그리스도인이라 말하는 사람은 많지만, 진심으로 하나님을 사랑하며 살아가는 사람은 많지 않은 것이 오늘날 우리의 현실입니다.

예전에 어느 기독교 잡지를 보다가 십대 미혼모들의 기사를 읽

"네 하나님 여호와를 사랑하고 그의 말씀을 청종하며 또 그를 의지하라 그는 네 생명이시요 네 장수이시니 여호와께서 네 조상 아브라함과 이삭과 야곱에게 주리라고 맹세하신 땅에 네가 거주하리라" (신 30:20).

었습니다. 그 기사에는 미혼모보호소에서 생활하는 소녀들이 자신의 엄마 아빠에게 쓴 편지들도 함께 실려 있었는데, 그 편지의 한 구절이 많은 세월이 지난 지금까지도 선명하게 기억에 남아 있습니다.

"엄마 아빠! 엄마 아빠는 나를 사랑했다고 하지만 나는 사랑받지 않았어요. 엄마 아빠는 나를 항상 사랑해 준 것이 아니라, 필요하면 와서 열어 보고 갖고 놀다 싫증나면 어딘가에 넣고 닫아 버리는 장난감처럼 나를 사랑해 주었어요."

하나님을 향한 당신의 사랑도 혹시 이와 같지 않습니까?

거듭난 사람이 어떻게 하나님을 사랑하지 않을 수 있겠습니까? 거듭난 사람 안에 심겨진 하나님을 향한 사랑의 정서를 그의 마음에서 완전히 없애 버리는 것은 불가능합니다. 그러나 인생을 살다가 필요한 때 하나님을 향한 사랑이 울컥하고 치밀어 올라 하나님 품으로 파고들다가도, 이내 주님을 떠나 다시 방종한 길로 가는 삶은 성경이 그려 내는 하나님을 사랑하는 사람의 삶이 아닙니다.

하나님의 자녀가 하나님을 향해 가져야 할 사랑은 충동적인 연애 감정 같은 것이 아닙니다. 하나님이 우리를 어떻게 사랑하셨는지를 보십시오. 하나님이 우리를 상자 속의 장난감처럼 심심하면 꺼내서 물고 빨고 하다가 흥미가 사라지면 아무 데나 팽개치고 모른 척하신 적이 있습니까?

하나님은 우리를 택하셔서 당신의 자녀로 삼은 날 이후로 언제나 변함없이 당신이 우리를 선택한 것에 대해 책임을 지셨습니다. 우리가 그분을 사랑할 때도 그분은 우리를 사랑하셨고, 우리가 그분을 사랑하지 않을 때도 그분은 우리를 사랑하셨습니다. 우리가 순종할 때도, 우리가 불순종할 때도, 그분은 우리와 맺은 사랑의 언약을 파기하지 아니하시고 끝까지 사랑하셨습니다.

아브라함의 인생을 보며, 우리는 그러한 하나님의 사랑이 평범하다 못해 졸렬한 한 사람을 믿음의 조상이자 천하 만민의 복의 근원으로 세워 갔음을 인정하지 않을 수 없습니다.

그와 동일한 사랑을 우리도 받고 있습니다. 그러므로 그와 동일하게, 우리에게도 하나님을 진심으로 사랑하며 순종해야 할 의무가 있습니다.

하나님을 향한 사랑이 우리의 모든 사고와 판단의 중심이 되고 삶을 움직이는 원동력이 될 때, 우리가 가진 모든 재능과 은혜 그리고 삶이 빛을 발하게 될 것입니다. 하나님을 사랑하는 마음에서 비롯되지 않은 모든 애씀과 수고는 세상 끝날에 아무것도 아닙니다. 그런데 안타깝게도 지금도 여전히 사람들은 이 세상에 있는 것과 하나님의 사랑을 바꾸려 합니다.

믿음의 위대함은 곧 하나님을 변함없이 경외한 사랑의 위대함입니다. 신앙에 있어서 견고함이 없다는 것은 하나님을 향한 사랑의 감정이 수시로 변한다는 의미입니다. 신자의 인격 속에 이렇듯 하나님을 향한 진실한 사랑이 없다면 그가 가지고 있는 믿음도, 능력도, 화려한 수사법이 동원된 신앙고백도 아무것도 아닙니다.

히브리서 11장에 기록된 믿음의 위인들이 그려 낸 거룩하고 충성스러운 삶을 기억해 보십시오. 그들이 어떻게 해서 그렇게 거룩한 강인함과 연단된 꿋꿋함으로 일관된 일생을 살아서 하나님께 기쁨을 드리는 믿음의 사람들로 남을 수 있었습니까? 그들은 다양한 삶의 정황 속에서 하나님을 섬기던 사람들이었습니다. 그들 중에는 족장도 있었고, 선지자도 있었고, 군인도 있었으며, 평범한 목동도 있었습니다. 어떤 사람은 왕족이었으나 하나님의 백성과 고난받기를 택한 대가로 안락한 삶을 버리기도 했습니다. 그리고 그들은 이제 그들의 뒤를 따라 신앙의 경주를 하는 우리에게 구름같이 허다한 증인들이 되었습니다. 성경은 말합니다.

"또 어떤 이들은 희롱과 채찍질뿐 아니라 결박과 옥에 갇히는 시련도 받았으며 돌로 치는 것과 톱으로 켜는 것과 시험과 칼로 죽임을 당하고 양과 염소의 가죽을 입고 유리하여 궁핍과 환난과 학대를 받았으니 이런 사람은 세상이 감당하지 못하느니라"(히 11:36-38).

그들이 어떻게 그렇게 고통스러운 대가를 치르면서도 신앙을 따라 살 수 있었습니까? 그들이 믿음으로 살았다는 의미는 도대체 무엇입니까? 그들도 우리와 같이 연약한 인간일진대 도대체 무엇이 그런 강철 같은 단호함과 하나님의 영광을 위해 자기를 버리는 거룩한 희생이 가능하도록 한 것입니까?

그것은 바로 하나님을 향한 사랑으로 역사하는 믿음이었습니다. 그렇게 믿음으로 하나님을 기쁘시게 하는 삶을 산 사람들의 공통점은 하나님과 친밀한 교제 속에서 하나님과 사랑의 체험을 누리며 살았다는 것입니다.

그들 자신이 위대한 것이 아니라 그들이 누린 하나님 아버지와 친밀한 사랑의 관계가 위대한 것입니다. 그들은 믿음을 지킨 사람들이기 전에 먼저 자기 안에 있는 하나님 사랑을 지킨 이들이었습니다.

우리에게 이러한 사랑이 있습니까? 이런 친밀함 속에서 살아가고 있습니까? 하나님의 사랑을 느끼지 못하며 살아가는 매일의 삶을 영혼의 어두운 밤으로 여기는 안타까운 마음이 우리에게 있습니까? 혹시 우리는 하나님의 사랑을 잃어버린 채 텅 빈 가슴으로 살아가는 것을 대수롭지 않게 생각하고 있지는 않습니까? 하나님과 이런 사랑의 관계를 유지하기 위해 얼마나 자신과 싸우고 있습니까?

하나님과 친밀한 인격적 관계, 하나님께로부터 받는 인격적인 사랑의 경험이 있는 사람들은 무엇을 해도 생기가 돕니다. 주일에 교회 마당을 밟는 발걸음부터가 다릅니다. 그러나 하나님과 사랑의 관계를 유지하지 못하고 사는 사람들은 예배 시간에 늦어도 터덜터덜 걸어옵니다. 예배당에 들어와서도 뒷자리나 구석 자리를 찾기 바쁘고, 설교가 시작되면 팔짱을 끼고 졸 준비를 합니다.

신랑 되신 예수 그리스도께서 말씀하시는데, 그 말씀을 감미롭게 듣지 못하는 것은 사랑이 식었기 때문입니다. 남편을 향한 사랑, 아내를 향한 사랑이 식으면 부정한 사람이 되는 것은 시간문제입니다. 그러므로 정결한 그리스도인으로 살아가는 비결은 오직 하나님을 향한 사랑으로 자신을 가득 채우는 것뿐입니다.

아브라함의 이야기를 통해 우리는 모든 고통과 억압에서 풀어 주시는 하나님, 우리의 원한을 신원해 주시는 하나님, 우리를 포기하지 않고 오래 기다리시는 하나님, 어떤 경우에라도 당신의 약속을 신실하게 지켜 가시는 하나님의 모습을 보았습니다. 우리가 신앙이라고 부르는 것은 그 하나님을 의지하며 살아가는 실체입니다.

우리는 쉽게 아브라함을 '믿음의 조상'이라고 부르는데, 사실 믿음은 다른 특별한 무엇이 아니라 하나님을 온몸과 마음을 다해 사랑하는 것, 바로 그것입니다.

우리가 하나님을 사랑하면, 하나님은 그 성실하심과 진실하심과 선하심과 사랑으로 우리를 하나님의 자녀답게 빚어 가실 것입니다. 그리고 아브라함에게 약속하신 놀라운 축복과 동일한 복을 우리에게도 허락하실 것입니다.

이제는 아브라함의 하나님이 아니라 바로
당신의 하나님, ○○○의 하나님이 시작될
차례입니다. 당신의 존재와 삶 위에 하나님
과 나누는 친밀한 사랑이 넘치기를 진심으
로 소망합니다.